Jo-Jo

Sprachbuch **4**

Sprachförderheft

Erarbeitet von

Monika Budke

Anne Goecke

Gabriele Woitalla

Marion Wolf

und der

Cornelsen Redaktion

Primarstufe

Cornelsen

Jo-Jo

Sprachbuch 4
Sprachförderheft

Erarbeitet von	Monika Budke, Anne Goecke, Gabriele Woitalla, Marion Wolf und der Cornelsen Redaktion Primarstufe
Redaktion	Gabriela Korup
Illustrationen	Susann Hesselbarth, Gabriela Silveira
Umschlagillustration	Sylvia Graupner
Layoutkonzept	Heike Börner
Technische Umsetzung	tritopp, Berlin

www.cornelsen.de

Die Webseiten Dritter, deren Internetadressen in diesem Lehrwerk angegeben sind, wurden vor Drucklegung sorgfältig geprüft. Der Verlag übernimmt keine Gewähr für die Aktualität und den Inhalt dieser Seiten oder solcher, die mit ihnen verlinkt sind.

1. Auflage, 7. Druck 2024

Inhaltliche Änderungen vorbehalten.

Druck: Drukarnia Dimograf Sp. z o.o., Bielsko-Biała

ISBN 978-3-06-082611-7

Inhalt

Ich – Du – Wir

1 Was passt zusammen? Ordne die Sätze den Bildern zu.

Tom hatte eine Schultüte mit einem Dinosaurier.

Lisa hat geweint, weil sie den Namen der Lehrerin vergessen hatte.

Ich war glücklich, weil ich neben meiner besten Freundin sitzen durfte.

Meine Patin hat mir ein Buch vorgelesen.

Ich _____

_____

_____

_____

_____

_____

_____

_____

_____

_____

2 Was fällt dir ein, wenn du an deinen Schulanfang denkst?
Schreibe es auf.

_____

_____

_____

_____

Bildbetrachtung der Sprachbuchseite 4 und Austausch von Erinnerungen
an den eigenen Schulanfang mit allen Kindern gemeinsam vorschalten.

Ein Erlebnis schildern

1 Was passt zusammen? Ordne die Sätze den Bildern zu.

Im Flur wusste Leon nicht mehr, wo die Toilette war. Da fing er an zu weinen.

Plötzlich musste Leon zur Toilette. Er fragte seine Lehrerin und durfte gehen.

Am ersten Schultag war Leon sehr aufgeregt.
Er saß neben seiner Freundin Lena in der Klasse.

Am _____

_____

_____

_____

_____

_____

_____

_____

2 Wie soll die Geschichte weitergehen?
Wähle einen Schluss und schreibe ihn auf.

_____

_____

_____

 3 Schreibe die ganze Geschichte in dein Heft.

Aufgabe 1 der Sprachbuchseite 5 zuvor mit allen Kindern gemeinsam bearbeiten.

5

Geschichten erfinden

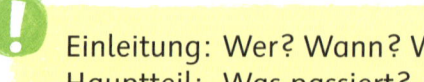 Einleitung: Wer? Wann? Wo?
Hauptteil: Was passiert?
Schluss: Wie endet die Geschichte?

1 Lies zuerst die Texte in den Kästen.
Ordne dann die Begriffe zu:
Einleitung   Hauptteil   Schluss

„Als ich in der ersten Klasse war, kam unser Klassenlehrer
Herr Keck in die Klasse und verteilte unsere Schreibhefte.
Ich schlug mein Heft auf und wollte nachschauen, ob ich
einen Stempel bekommen hatte.
Aber was war das?
Fast alle meine Buchstaben waren verschwunden.
Aufgeregt lief ich zu Herrn Keck und zeigte ihm die Seite.
Er lächelte geheimnisvoll und sagte dann zu mir:
Da hat wohl der Buchstabenfresser großen Hunger gehabt.
Er frisst alle Buchstaben, die nicht schön geschrieben sind.

Tims kleiner Bruder Jan geht seit einer Woche in die Schule.
Stolz zeigt er Tim sein Heft mit den ersten Buchstaben.
Beim Mittagessen erzählt Tim ihm die Geschichte vom
Buchstabenfresser:

Von diesem Tag an habe ich immer schön geschrieben
und der Buchstabenfresser ist nicht wieder aufgetaucht."

2 Denke dir eine Überschrift aus.
Schreibe die ganze Geschichte in dein Heft.

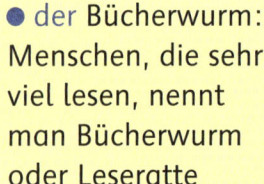 

● der Bücherwurm:
Menschen, die sehr
viel lesen, nennt
man Bücherwurm
oder Leseratte

● der Ohrwurm:
ein Lied,
das lange
im Gedächtnis
bleibt

Aufgabe 1 der Sprachbuchseite 6 zuvor mit allen Kindern gemeinsam bearbeiten.

Wortarten

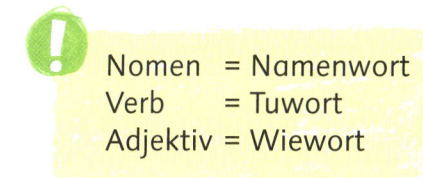

1 Finde die Nomen im Text. Unterstreiche sie blau.

Nach den <u>Ferien</u> stehen in der Klasse 4 a alle Tische
und Stühle durcheinander. Der Raum ist geputzt,
aber die Kinder fühlen sich nicht wohl.
Zuerst stellen sie alle Möbel wieder an ihren Platz.

2 Unterstreiche die zusammengesetzten Nomen und trenne sie.

Später räumen alle ihre <u>Arbeitsmaterialien</u> in die Regale.
Jedes Kind hängt ein Ferienfoto oder eine Postkarte
an die große Magnetwand. Die Klassenlehrerin schreibt
den neuen Stundenplan an die Tafel.

<u>*die Arbeitsmaterialien: die Arbeit, die Materialien*</u>

_____

_____

_____

_____

3 Setze die passenden Adjektive ein.

leere   großen   spannende   gestreifte   gemütliche   ~~neuen~~

Gemeinsam gestalten die Kinder einen *neuen* Geburtstagskalender.

Die Lehrerin bespricht mit den Kindern die Klassenregeln auf dem _____ Plakat.

Für die _____ Leseecke bringt die Lehrerin _____ Kissen mit.

Jan räumt _____ Bücher in das _____ Regal.

4 Unterstreiche im Text der Aufgabe 3 alle Verben rot.

5 Schreibe die Verben in der Grundform in dein Heft.

Die Wortarten müssen zuvor mit der ganzen Klasse wiederholt werden.

7

Verlängern: ck und tz ↪

1 Schreibe zu jedem Wort eine Verlängerung auf.

~~Witze~~   drucken   schmutzig   Röcke   schützen   Stricke   knicken   Sitze

Blöcke   Plätze   Blitze   Stöcke   glücken   Schätze   Blicke   Sätze

die Witze _____ ● der Witz   _____ ● der Strick

_____ ● der Sitz   _____ ● der Blick

_____ ● der Blitz   _____ ● das Glück

_____ ● der Schatz   _____ ● der Knick

_____ ● der Satz   _____ ● der Stock

_____ ● der Platz   _____ ● der Block

_____ ● der Schutz   _____ ● der Rock

_____ ● der Schmutz   _____ ● der Druck

2 Bilde zusammengesetzte Nomen.

● Fenster   ● Platz   ● Karte

der Fensterplatz, die _____

● Mund   ● Schutz   ● Brille

_____

● Gold   ● Schatz   ● Plan

_____

● Hand   ● Druck   ● Buchstabe

_____

● der Knick   ● der Strick   ● der Block   ● der Lack   ● der Druck

Aufgabe 1 der Sprachbuchseite 8 zuvor mit allen Kindern gemeinsam bearbeiten.

Hier üben wir

1 Lies die Textabschnitte. Verbinde sie mit den passenden Bildern.

Die Theatergruppe der Schule will ein neues Stück aufführen. Es handelt von einem Schatz in einem Versteck. Heute ist Kostümanprobe.

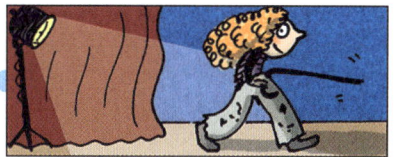

Die Hauptdarsteller ziehen bei der Kostümanprobe ihre Kleidungsstücke an. Der Zauberer setzt einen spitzen Hut auf.

Jan probiert eine Hose mit Dreckflecken und die Perücke. Mit dem Spazierstock in der Hand geht er über die Bühne.

2 Finde 15 Übungswörter im Rätselgitter (nur waagerecht).
Male sie gelb an und schreibe sie auf.
Schreibe bei den Nomen den Artikel dazu.
Tipp: Wenn du den Artikel nicht genau weißt, schau in der Wörterliste nach.

A	H	A	U	P	T	D	A	R	S	T	E	L	L	E	R	B	C
W	Ä	A	J	B	Ü	H	N	E	N	B	I	L	D	B	Ü	Ü	A
Q	X	S	A	C	K	T	E	C	K	S	C	H	A	T	Z	L	Z
S	D	R	E	C	K	I	G	W	M	V	C	S	P	I	T	Z	H
P	E	R	Ü	C	K	E	B	J	N	S	T	Ü	C	K	D	F	G
W	X	T	S	I	T	Z	P	L	A	T	Z	X	G	L	Ü	C	K
O	T	H	E	A	T	E	R	Q	Z	U	S	T	Ä	N	D	I	G
I	R	H	Z	K	L	E	I	D	U	N	G	S	S	T	Ü	C	K
A	U	F	F	Ü	H	R	E	N	Y	V	E	R	S	T	E	C	K

der Hauptdarsteller, _____

_____

_____

_____

Alle in Aufgabe 2 zu suchende Wörter sind dem Übungswortschatz der Sprachbuchseite 9 entnommen. Übungstext und Wortschatz müssen zuvor gemeinsam erarbeitet werden.

Herbst

1 Welche Sätze passen zum Bild? Streiche den falschen Satz durch.

Der Hamster lebt unter der Erde.

Sein Bau hat einen Eingang
und einen Ausgang.

In der Vorratskammer
bewahrt der Hamster
Vorräte für den Winter auf.

In seinem Badezimmer
duscht der Hamster
jeden Morgen.

Die Kloake ist
die Toilettenkammer.

Seinen Winterschlaf
hält der Hamster
in der Wohnkammer.

2 Schreibe die passenden Sätze auf.

Der Hamster _____

_____

_____

_____

_____

● **der** Bau:
Wohnung eines Tieres
unter der Erde

● **die** Kammer:
ein altes Wort für
Raum oder Zimmer

● **die** Kloake:
die Toilettenkammer
im Bau des Hamsters

10

Texte überarbeiten 1

1 Lies den Text.

Der Feldhamster lebt unter der Erde.
Der Feldhamster findet genügend Nahrung in Getreidefeldern.
Der Feldhamster sammelt dort die Vorräte für den Winter.
Der Feldhamster beginnt im Herbst mit der Winterruhe.
Der Feldhamster bleibt den ganzen Winter in seinem Bau.
Der Feldhamster lebt in dieser Zeit von seinen Vorräten.

2 Schreibe die Sätze auf.
Beginne immer mit den unterstrichenen Wörtern.
Ersetze in einigen Sätzen der Feldhamster durch das Pronomen er.

Der
_____

_____

_____

_____

_____

3 Stelle den Satz zweimal um.
Schreibe die Sätze auf.

Es gibt heute nur noch wenige Feldhamster.

_____

_____

_____

4 Stelle den Satz noch einmal zu einer Frage um. Schreibe sie auf.

_____

Aufgabe 1 im Sprachbuch zuvor mit allen Kindern gemeinsam erarbeiten,
Pronomen wiederholen.

11

Spannende Geschichten schreiben

1 Lies beide Geschichten. Welche Wörter machen die zweite Geschichte spannender?
Unterstreiche sie.

Wie gelähmt standen wir beide
an der Wegbiegung.
Julian hielt den Lenker
seines Fahrrades fest.
„Lucia," sagte er.
Ich war so erschrocken,
dass ich nicht antworten konnte.
Ich guckte in die Nebelwand.
Da war eine Gestalt.
Was war das für ein Geräusch?
Es klang wie ein Stampfen,
dann ein Scharren, ein Schnauben.

Wie gelähmt standen wir beide an
der Wegbiegung. Julian umklammerte
den Lenker seines Fahrrades. „Lucia,"
flüsterte er. „Das gibt's doch gar nicht!"
Ich war so erschrocken, dass ich nicht
antworten konnte. Gebannt starrte ich
in die undurchdringliche Nebelwand.
Dahinter erhob sich regungslos
eine massige Gestalt.
Was war das für ein Geräusch?
Es klang wie ein Stampfen,
dann ein Scharren, ein Schnauben.

2 Ersetze die grauen Wörter im Text, so dass die Geschichte spannender wird.

erkannten   flüsterte   stotterte   trabte   ~~starrten~~

Erschrocken guckten *starrten* wir in den dichten Nebel.

Ich sagte _____ : „Ich habe Herzklopfen!"

„Ich, ich habe auch riesige Angst!", sagte _____ Julian.

Auf einmal sahen _____ wir, wer die Geräusche machte.

Aus dem Nebel kam _____ ein Pferd mit Reiter auf uns zu.

3 Schreibe die spannende Geschichte in dein Heft. Erfinde einen Schluss.

undurchdringliche Nebelwand:	massige Gestalt:	regungslos:
Nebel, durch den man nicht hindurch sehen kann	eine große und mächtige Figur	etwas, das sich nicht bewegt
scharren, ein Scharren:	**wie gelähmt:**	**gebannt starren:**
Erde wegkratzen, ein kratzendes Geräusch	als könnte man sich nicht bewegen	mit weit aufgerissenen Augen auf etwas gucken

Wiederholung: Wie kann ich spannend erzählen
(z.B. treffende Verben und Adjektive, wörtliche Rede ...)

Vorangestellte Wortbausteine

1 Lies den Text.
Unterstreiche die Verben mit Wortbausteinen.
Schreibe sie auf.

Im Herbst müssen viele Tiere Wintervorräte <u>anlegen</u>.
Der Feldhamster verspeist am liebsten Getreidekörner
und Samen. Für seinen Wintervorrat versteckt er
2–4 Kilogramm Körner in seiner Vorratskammer.
Der Feldhamster verlässt seinen Bau den ganzen Winter nicht.

anlegen, _____

2 Schreibe die richtigen Verben zu den Bildern.

<u>entnehmen</u>   versammeln   überschütten   auffahren   aufsteigen   bekommen

   *entnehmen* _____    _____

 _____    _____

_____    _____

3 Finde in der Wörterliste zu jedem Wortbaustein zwei Verben.

auf: *aufführen,* _____

aus: _____

ver: _____

ent: _____

er: _____

be: _____

Verben mit Wortbausteinen erklären und wiederholen, anschließend Weiterarbeit
direkt mit der Förderheftseite 13, da der Text im Sprachbuch sehr anspruchsvoll ist.

13

Ableiten: Wörter mit ä und äu

1 Finde zu jedem Verb mit ä das passende Wort mit a. Verbinde.

> Wenn ich nicht sicher bin, ob ich ä oder äu schreibe, suche ich ein verwandtes Wort mit a oder au: die Blätter – das Blatt

verschläft	halten	ernährt	graben
fängt	tragen	gräbt	fallen
hält	verschlafen	verhält	● die Nahrung
trägt	fangen	fällt	● das Verhalten

2 Schreibe die Wörter in die Tabelle. Finde zu den Wörtern mit ä ein verwandtes Wort mit a.

Felder ○ Nester ○ Blätter er gräbt ○ Wälder sie fegt

Wörter ohne Ableitung	Wörter mit Ableitung:	
	Wort mit ä	verwandtes Wort mit a
Felder		

3 Schreibe die Wörter in die Tabelle. Finde zu den Wörtern mit äu ein verwandtes Wort mit au.

Deutschland träumen ● Flugzeug ○ Fledermäuse ● Freund heute ○ Leute ○ Räuber ○ Häuser ○ Gebäude

Wörter ohne Ableitung	Wörter mit Ableitung:	
	Wort mit äu	verwandtes Wort mit au
Deutschland		

Wörter mit ä/äu und das Ableiten vorher mit allen Kindern gemeinsam wiederholen.

Hier üben wir

1 Finde 17 Übungswörter im Rätselgitter (nur waagerecht).
Male sie gelb an und schreibe sie auf. Schreibe bei den Nomen den Artikel dazu.
Tipp: Wenn du den Artikel nicht genau weißt, schau in der Wörterliste nach.

Q	G	L	Ü	C	K	Z	K	Ä	L	T	E	X	S	K	L	B	C
W	Ä	A	F	R	E	U	N	D	L	I	C	H	M	U	Y	G	A
Q	X	F	D	W	Ä	L	D	E	R	P	J	S	T	E	L	L	T
T	W	F	L	E	D	E	R	M	Ä	U	S	E	V	M	H	A	F
S	O	R	G	E	N	V	B	T	S	N	A	H	R	U	N	G	O
N	H	E	U	Q	K	D	V	O	R	R	Ä	T	E	H	C	O	E
A	S	P	E	C	K	I	X	V	Ö	G	E	L	K	U	T	F	V
W	B	E	J	K	Z	Q	X	U	E	S	C	H	Ü	T	Z	E	N
M	T	B	D	E	U	T	S	C	H	L	A	N	D	P	R	G	I
G	Ä	R	T	E	N	J	V	X	E	R	N	Ä	H	R	E	N	T

das Glück _____

_____

_____

_____

2 Schreibe die Wörter in Einzahl und Mehrzahl auf.

○ die Wälder   ○ die Gärten   ○ die Vorräte   ○ die Blätter   ○ die Fledermäuse

die Wälder – der _____

_____

_____

● der Speck

● das Heu

● die Futterstelle

Alle in Aufgabe 1 zu suchende Wörter sind dem Übungswortschatz der Sprachbuchseite 15
entnommen. Übungstext und Wortschatz müssen zuvor gemeinsam erarbeitet werden.
Die Aufgaben 1 und 2 der Sprachbuchseite 15 können ebenfalls zusätzlich bearbeitet werden.

Natur entdecken: Pflanzen

Der Wald besteht aus dicht beieinanderstehenden Bäumen.
Es gibt dort viel zu entdecken. Du findest Tiere, Pflanzen und Früchte.

● der Buntspecht

● das Eichhörnchen

○ die Waldameisen

○ die Tannen

○ die Buchen

● das Moos

○ die Heidelbeeren

○ die Eicheln

○ die Pilze

1 Schreibe die richtigen Namen in den Lückensatz.

Der  _Buntspecht_____ baut an seiner Baumhöhle.

Das  _____ sammelt Vorräte für den Winter.

Die  _____ tragen Tannennadeln zu ihrem Ameisenhügel.

Im Herbst färben sich die Blätter der  _____ im Laubwald bunt.

An den Spitzen der  _____ hängen lange Zapfen.

Der feuchte Waldboden ist oft mit  _____ bedeckt.

Im Herbst wachsen im Wald viele  _____ .

Viele Kinder sammeln gerne _____ .

Die Waldmaus sammelt _____ für den Winter.

Schwerpunkt dieser Seite ist die Wortschatzarbeit zum Thema Wald. Ein einführendes Gespräch zum Thema Wald erfolgt über die Sprachbuchseite 16 im Klassenverband.

Höhepunkt gestalten

1 Lies die Einleitung und den Hauptteil der Geschichte.
Setze danach das Adjektiv ein, das die Geschichte spannender macht.

Schon lange hatten wir uns darauf gefreut:
Meine Freundinnen und ich übernachteten mit Papa
im Wald. Nach einem Picknick auf der Lichtung
krochen wir alle in unseren Schlafsäcke.

Mitten in der _dunklen_ Nacht begann es plötzlich
dunklen/hellen

_____ zu rascheln. Mein Herz begann
müde/geheimnisvoll

_____ zu klopfen. _____ weckte ich
laut/hungrig   durstig/zitternd

meine Freundin Luisa. _____ fragte ich sie:
trocken/leise

„Hast du es auch rascheln gehört ?" Wir schauten uns _____ um,
gelangweilt/ängstlich

aber es war so _____, dass wir nichts erkennen konnten.
finster/sonnig

Auf einmal traten _____ Tiere aus dem Gebüsch.
karierte/kleine

2 Wähle einen passenden Schluss für deine Geschichte.

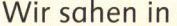

Mit unserer Taschenlampe
leuchteten wir die Tiere an.
Es waren Rehe.

Der _____ Schein
leckere/helle

der Lampen schreckte sie auf
und sie liefen in den

_____ Wald zurück.
dunklen/gelben

Wir sahen in

_____ Augen,
quietschende/leuchtende

die _____ in unsere
sauber/gebannt

Richtung starrten. Es war
eine Füchsin mit ihren Jungen.
Sie waren auf dem Weg
in ihren Fuchsbau.

3 Lies dir die fertige Geschichte durch.
Schreibe sie in dein Geschichtenheft ab.

Mit treffenden Adjektiven eine Geschichte spannend ausgestalten,
einen Schluss auswählen.

Subjekt und Prädikat

!

Subjekt: Wer oder was ...
Prädikat: Was tut ...

1   Finde das Subjekt und das Prädikat in den Sätzen.
    Unterstreiche im Satz das Subjekt blau und das Prädikat rot.
    Die Fragen helfen dir dabei.

Die Kinder lesen im Waldlexikon.

Wer oder was liest im Waldlexikon? *die Kinder*

Was tun die Kinder?   _____

Der Igel schläft unter einem Blätterhaufen.

Wer oder was schläft?   _____

Was tut der Igel?   _____

Lisa baut ein Vogelhäuschen.

Wer oder was ...?   _____

Was tut ...?   _____

Der Maulwurf frisst am liebsten Regenwürmer.

Wer oder was ...?   _____

Was tut ...?   _____

Der Förster und die Kinder beobachten die Futterstelle.

Wer oder was ...?   _____

Was tut ...?   _____

2   Bilde sinnvolle Sätze. Verbinde das Subjekt mit dem passenden Satzende.

Die Kinder   bewohnen oft gemeinsam einen Bau.

Das Eichhörnchen   schreiben eine Waldgeschichte.

Der Specht   erkundet den Waldpfad.

Der Förster   knabbert an einer Haselnuss.

Dachs und Fuchs   fliegt in seine Baumhöhle.

Die Fachbegriffe *Subjekt* und *Prädikat* zuvor mit allen Kindern gemeinsam wiederholen.

Zweiteiliges Prädikat

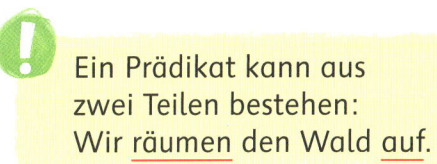

Ein Prädikat kann aus zwei Teilen bestehen:
Wir <u>räumen</u> den Wald <u>auf</u>.

1 In den Sätzen bestehen alle Prädikate aus zwei Teilen.
Unterstreiche in jedem Satz beide Teile des Prädikats rot.
Im Kasten findest du die Prädikate in der Grundform.

<u>auf</u>räumen   <u>vor</u>stellen   <u>an</u>pflanzen   <u>auf</u>stellen   <u>zurück</u>lassen   <u>aus</u>reißen

So wollen die Kinder den Wald schützen:

Die Kinder <u>räumen</u> den Wald <u>auf</u>.

Die Kinder stellen seltene Pflanzen auf Infotafeln vor.

Die Kinder pflanzen junge Bäume an.

Die Kinder stellen Warnhinweise auf.

Die Kinder lassen keine Abfälle zurück.

Die Kinder reißen keine geschützten Pflanzen aus.

2 Setze die Prädikate passend in die Sätze ein.
In den Sätzen bestehen alle Prädikate aus zwei Teilen.

vorbereiten   Die Kinder *bereiten* _____ eine Wanderung *vor* _____.

nachdenken   Sie _____ über Aufgaben _____.

abgehen   Dafür _____ sie den Weg _____.

aufhängen   Anschließend _____ sie Wegweiser _____.

aussuchen   Zum Schluss _____ sie einen Picknickplatz _____.

3 Die Kinder wollen den Wald schützen.
Sie stellen Regeln auf. Schreibe die Regeln in Sätzen auf.

Wir _____ kein Feuer im Wald _____.

Wir _____ keinen Müll im Wald _____.

Wir _____ keine Pflanzen _____.

Die Erarbeitung des zweiteiligen Prädikats erfolgt zunächst mit allen Kindern gemeinsam, vorangestellte Wortbausteine müssen thematisiert werden.

19

Verlängern:
Doppelkonsonanten am Wortende

1 Lies den Text.
Manchmal fehlen am Ende des Wortes die Doppelkonsonanten.
Setze sie ein. Tipp: Der gelbe Kasten hilft dir.

Der Förster, He **rr** Kempf, machte mit uns einen Waldspaziergang.

Er war sehr ne ____ und erklärte uns seine Arbeit.

Zu seinen Aufgaben gehört die Pflege der Bäume. Er zeigte uns

einen alten Baum. Der Baum war kru ____ und sein Sta ____

war hohl. Im hohlen Baumsta ____ hatte ein Eichhörnchen

seine Vorräte gesammelt. Plötzlich sahen wir, wie das Eichhörnchen

eine Nu ____ in sein Versteck brachte. Schne ____ sprang es

von Baum zu Baum.

Zum Schlu ____ unseres Spaziergangs mussten wir noch

über einen Graben springen. Dabei wurden unsere Hosen na ____ .

2 Finde zu den Nomen mit Doppelkonsonant am Wortende
die Verlängerung. Suche die Wörter in der Wörterliste. Schreibe sie auf.

viele Herren – ein Herr, _____

_____

_____

3 Schreibe die Adjektive mit Doppelkonsonant am Ende hier auf.

_____

4 Schreibe die Adjektive zu den passenden Nomen.

der *nette* _____ Herr Kempf   das _____ Eichhörnchen

der _____ Baum   die _____ Hose

5 Finde in der Wörterliste und schreibe in dein Heft:
bei D/d zwei Adjektive mit Doppelkonsonanten am Ende,
bei F/f zwei Nomen mit Doppelkonsonanten am Ende.

Wörter sollten geklatscht und gesprochen werden, um den Sinn der Verdopplung zu erfassen. Intensives Üben ist nötig.

Hier üben wir

1 Setze die passenden Nomen in die Lückensätze ein.
Schreibe den Text ins Heft ab

Waldforscher

Die Kinder erforschen den  *Wald* _____.

Meike und Pascal entdecken einen ● _____.

Ein ● _____ sitzt dort oben.

Es ist der ● _____.

Meike entdeckt auf dem Waldboden eine fette ● _____.

Achtung, nicht so schnell!

Da ist eine ● _____. Beinahe wäre Pascal nass geworden.

Luis, Eri und Achmet bestimmen Blätter. Sie sind nicht dumm und schauen

im Lexikon nach, zu welcher Pflanze ein ● _____ gehört.

Andere Kinder organisieren einen ● _____

und sammeln den ● _____ ein.

Zum Schluss spielen die Kinder Baumtelefon.

2 Welche Wörter werden hier verzaubert? Schreibe sie auf.

a	= ✿
e	= ◆
i	= ❖
o	= ✛
u	= ◎

◆ntd◆ck◆n   ◆rf✛rsch◆n   b◆st❖mm◆n   sp❖◆l◆n

✛rg✿n❖s❖◆r◆n   d✿nn   n✿ss   n◆tt   schn◆ll   b◆❖n✿h◆

entdecken _____

_____

3 Schreibe den Text von Aufgabe 1 in dein Heft ab.

4 Suche in drei Sätzen aus dem Text Subjekt und Prädikat und unterstreiche es.

Übungstext und Wortschatz müssen zuvor gemeinsam erarbeitet werden.
Eventuell Abschreiben des Übungstextes als Hausaufgabe.

21

1. Jo-Jo-Test

Einen Text ordnen

1 Lies die Textabschnitte. Bringe sie in die richtige Reihenfolge. Nummeriere sie.

☐ Sie fliegen in den warmen Süden. Weil sie im Herbst dorthin ziehen, werden sie Zugvögel genannt.

☐ Dort verbringen sie den ganzen Winter im Schlaf. Manche Tiere halten Winterruhe, z. B. Mäuse und Eichhörnchen. Sie legen im Herbst einen Futtervorrat an. Im Winter wachen sie einige Male auf und fressen davon.

☐ Tiere schützen sich im Winter auf verschiedene Arten vor der Kälte. Einige machen einen Winterschlaf, z. B. Igel und Hamster. Wenn es kalt wird, suchen sie einen sicheren Platz unter Steinen oder Laub.

☐ Andere Tiere, wie z. B. Störche oder Schwalben, finden im Winter bei uns keine Nahrung.

Verben mit Wortbausteinen

2 Bilde mit den Wortbausteinen ein neues Verb, das du kennst. Verbinde. Achtung: Ein Wortbaustein passt nicht. Schreibe die neuen Verben auf.

auf   über   an   be   ver   über   be   an

wachen   bringen

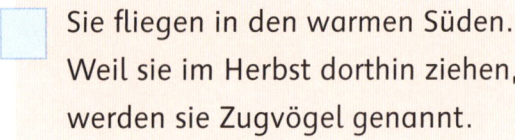

_____   _____

_____   _____

_____   _____

3 Nimm aus jeder Spalte ein zusammengesetztes Verb. Bilde einen Satz damit.

_____

_____

_____

_____

Einen Text ordnen, Verben mit Wortbausteinen bilden. Der Text der Aufgabe 1 kann nach dem Nummerieren auch noch zusätzlich ins Heft abgeschrieben werden.

Wörter bilden

4 Bilde mit dem Wortstamm -fall   -Fall   -fäll   Wörter.
Finde mindestens sechs Nomen und vier Verben.

Nomen:

_____

_____

_____

Verben:

_____

_____

_____

tür   ab

Zu   zu   e

Un   obst

um   en

Ab   schirm   hin

Fall

fall

fäll

5 Bilde Nomen mit -heit   -keit   -nis .
Verbinde und schreibe die Wörter mit ihrem Artikel auf.

	heit		nis		keit
● Ehrlich	nis	● Ereig	keit	● Gesund	nis
	keit		heit		heit

_____

Wörter mit b, d und g

6 Verlängere die Wörter. Trage sie in die Tabelle ein.

_____ die Wand		_____ der Wald
_____ hängt		_____ der Heimweg
_____ das Bild		_____ der Streit
_____ der Freund		_____ der Stift
_____ der Ausflug		_____ schreibt

Wörter mit dem Wortstamm Fall/fall/fäll bilden, Wörter mit -heit, -keit, -nis bilden,
Wörter mit Auslautverhärtung bei b, d und g verlängern.

23

Winter

1 Lies den Text.

> Wale gehören zu den Säugetieren. Sie sind keine Fische.
> Wale bringen lebende Junge zur Welt und säugen sie.
> Außerdem atmen sie durch die Lunge.
> Wale leben in allen Meeren der Welt. Einige ernähren sich von Krill,
> das sind kleine Krebstierchen, andere fressen Tintenfische oder
> andere Fische. Der Blauwal ist das größte Tier der Erde.
> Er wiegt soviel wie 25 Elefanten. Auch Delfine
> gehören zur Familie der Wale.

2 Beantworte die Fragen in Stichwörtern. Die unterstrichenen Wörter helfen dir.

Wo leben die Wale?

in _____

Welche Nahrung fressen Wale?

_____

Sind Wale Fische oder Säugetiere?

_____

Welches ist das größte Tier der Erde?

_____

3 Überlege dir selbst noch eine Frage zum Text und beantworte sie.

_____

_____

4 Wo kannst du noch Informationen finden? Ordne zu.

3 Zeitschrift

Sachbuch

Kinderbuch

Internet

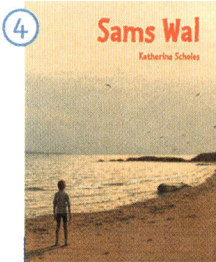

Die Aufgabe 1 der Sprachbuchseite 24 zuvor mit allen Kindern gemeinsam erarbeiten.
Gegebenenfalls lesen die Kinder die Fragen und Antworten den Mitschülern vor.

Steckbriefe, Sachtexte

1 Lies den Text.

1   Der Südpol ist der südlichste Punkt der Erdkugel.

2   Das Gebiet um den Südpol herum heißt Antarktis.

3   Der Südpol ist der kälteste Ort der Erde.

4   Im Winter kann es dort bis zu 95 Grad Celsius unter

5   dem Gefrierpunkt kalt werden, also bis −95°.

6   Der Südpol ist mit riesigen Eisschollen bedeckt.

7   Ein Mensch, ohne besondere Schutzkleidung,

8   würde dort erfrieren. Darum gibt es in der Antarktis

9   nur einige Forschungsstationen und keine Wohnsiedlungen.

10 Einigen Tieren macht das eisige Klima nichts aus.

11 Wale, Robben und Pinguine können dort gut leben.

2 Lies die Fragen. Unterstreiche die Antworten im Text und schreibe sie
in Stichwörtern auf. Notiere, in welcher Zeile die Information steht.

① Wie heißt der kälteste Ort der Erde?   Zeile ☐

_____

② Wie heißt das Gebiet um den Südpol?   Zeile ☐

_____

③ Wie kalt kann es dort werden?   Zeile ☐

_____

④ Welche Tiere leben dort?   Zeile ☐

_____

⑤ Was ist das Besondere an diesem Gebiet?   Zeile ☐

_____

_____

3 Ordne die Stichwörter aus Aufgabe 2 dem richtigen Oberbegriff zu.

Name: _____   Lage: _____

Temperaturen: _____   Tiere: _____

Informationen aus einem Text in Form von Stichwörtern festhalten
und in einen vorgegebenen Steckbrief einfügen.

25

Die vier Fälle des Nomens

1. Fall, Nominativ:
Wer oder was ist das größte Säugetier?   der Wal

2. Fall, Genitiv:
Wessen Jungtiere werden lebend geboren?   die Jungtiere des Wals

3. Fall, Dativ:
Wem kannst du im Eismeer begegnen?   dem Wal

4. Fall, Akkusativ:
Wen beobachten Meeresforscher?   den Wal

1 Lies die Sätze über den Pinguin.
Beantworte die Fragen. Die Farben helfen dir.

Der Pinguin hat unter seinem dichten Gefieder eine Fettschicht,
die ihn warm hält. Die Flügel des Pinguins sind zu klein zum Fliegen.
Obwohl er ein Vogel ist, gelingt es dem Pinguin nicht zu fliegen.
Im Wasser kann man den Pinguin blitzschnell schwimmen sehen.

Wer hat eine Fettschicht unter seinem dichten Gefieder? _der_ _____

Wessen Flügel sind zu klein zum Fliegen? _____

Wem gelingt es nicht zu fliegen? _____

Wen kann man im Wasser blitzschnell schwimmen sehen? _____

2 Schreibe in den Lückentext die passenden Nomen aus den Eisschollen.

dem Seehundbaby   des Seehundes   der Seehund

den Seehund

Der _____ gehört zu den Säugetieren.
        wer oder was

Die Jungen _____ werden lebend geboren.
              wessen

Man kann _____ auch oft an Land beobachten.
            wen

Wenn _____ die Mutter fehlt, heult es laut.
        wem

Die Erarbeitung der vier Fälle des Nomens erfolgt zunächst mit allen Kindern
gemeinsam anhand der Sprachbuchseite 26.

Vokale und Konsonanten

Vokale = Selbstlaute
(A/a, E/e, I/i, O/o, U/u)
Konsonanten = Mitlaute

1 Lies den Text. Setze die fehlenden Konsonanten ein.
Streiche im Ball durch, was du verbraucht hast.

S eehunde gehören zur   amilie der Robbe   .

Sie sind Säu   etiere, die vorwie   end im   asser leben.

Sie ernähren sich von   ische   .

An   and halten sie sich auf, um sich zu   onnen.

Ein Seehund   aby wird Heuler ge   annt.

Wenn seine   utter nicht bei ihm ist, heu   t es.

2 Lies den Text über Wale. Setze die fehlenden Vokale ein.
Zähle sie und vergleiche die Anzahl im Kasten.
Addiere sie. Schreibe die Ergebniszahl auf.

W a le sind Säug   tiere, die im Meer l   b   n.

Z   m Atm   n müssen sie reg   lmäßig auftauchen.

Sie atmen d   rch ein Blasl   ch im K   pf.

Durch die w   rme Ateml   ft entst   ht

beim A   satm   n ein D   mpfstr   hl.

Dar   n erk   nnt m   n Wale sch   n von weitem.

Sie leben gesell   g und v   rständigen sich

    n einer eigenen Spr   ch   .

Auch D   lf   ne sind Wale.

a	=	7
e	=	12
i	=	2
o	=	3
u	=	4
gesamt		

3 Setze die fehlenden Vokale ein.

● der P   ng   n   ● die R   bb   ● der Bl   w   l

● der T   nt   nf   sch   ● der D   lf   n   ● der Kr   bs

Die Einführung der Fachbegriffe *Vokal* und *Konsonant* erfolgt zuvor mit allen Kindern
gemeinsam, Ergebnis der zweiten Aufgabe: achtundzwanzig.

27

Verlängern:
Doppelkonsonant am Wortstammende

1 Ergänze die fehlenden doppelten Konsonanten.

tt · ff · ll · mm · tt · nn · tt · mm · ff

● We **tt** lauf   ho___ten   zuvorko___en   ● Schli___enhund   wo___te

● Motorschli___en   ● Ma___schaft   scha___te   schli___ste

2 Verbinde die Wörter, die zusammengehören.

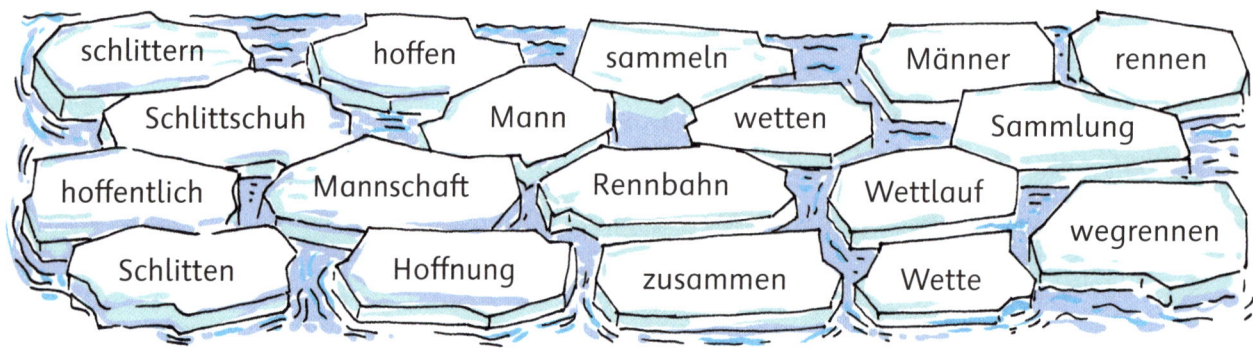

schlittern · hoffen · sammeln · Männer · rennen · Schlittschuh · Mann · wetten · Sammlung · hoffentlich · Mannschaft · Rennbahn · Wettlauf · wegrennen · Schlitten · Hoffnung · zusammen · Wette

3 Ordne die Wörter aus Aufgabe 2 nach Wortfamilien.
Male den Wortstamm gelb an.

schlitt/Schlitt

_____

_____

_____

hoff/Hoff

_____

_____

_____

samm/Samm

_____

_____

_____

mann/Mann

_____

_____

_____

renn/Renn

_____

_____

_____

wett/Wett

_____

_____

_____

 Finde mindestens drei Wörter mit dem Wortstamm stell/Stell.

_____

 28

Wörter zu Wortstämmen mit Doppelkonsonant am Wortstammende finden.

Hier üben wir

1 Lies den Text. Schreibe die Nomen richtig in den Lückentext.

Ein gefährlicher <u>*Wettlauf*</u> .
fualtteW

Im _____ 1911 starteten Amundsen und Scott
rebotkO

zu einem _____ Wettlauf. Jeder _____
nehcilrhäfeg   etllow

als erster Mensch den _____ bezwingen. Amundsen legte
lopdüS

den Weg mit Hundeschlitten zurück. Scott _____ Motorschlitten.
etlhäw

Doch die gingen durch die _____ und die Schneestürme _____ .
etläK   ttupak

Scott _____ trotzdem weiter. Während Amundsen als Sieger
etfpmäk

_____ konnte, schaffte Scott den _____ nicht.
nerhekkcüruz   gewkcüR

Er und seine _____ verloren ihr Leben im ewigen Eis.
tfahcsnnaM

2 Suche im Text die Wörter mit doppelten Konsonanten.
Male die doppelten Konsonanten gelb an. Schreibe die Wörter auf.

_____

_____

3 Hier fehlen die Vokale und ihre Umlaute.
Setze sie ein.
Schreibe die Wörter vollständig in die Linien.

k___mpft   k___nnt   sch___fft   w___hlt

tr___tzd___m   w___hr___nd   l___gt   b___ld

_____

_____

Übungstext und Wortschatz müssen zuvor gemeinsam erarbeitet werden.
Zu Aufgabe 3 vorher den Begriff Umlaut wiederholen.

29

Zeiten und Räume

1 Sieh dir die Bilder an.
Überlege: Warum sind diese Erfindungen besonders wichtig oder interessant?

● Auto   ● Fernseher   ● Handy   ● Computer

● Stromleitung   ● Uhr   ● Satellit

2 Begründe deine Meinung.
Schreibe die Begründung selbst oder benutze dafür die Satzteile als Hilfe.
Schreibe so: *Besonders wichtig finde ich die Stromleitung,*
weil ich abends im Bett Licht zum Lesen brauche.

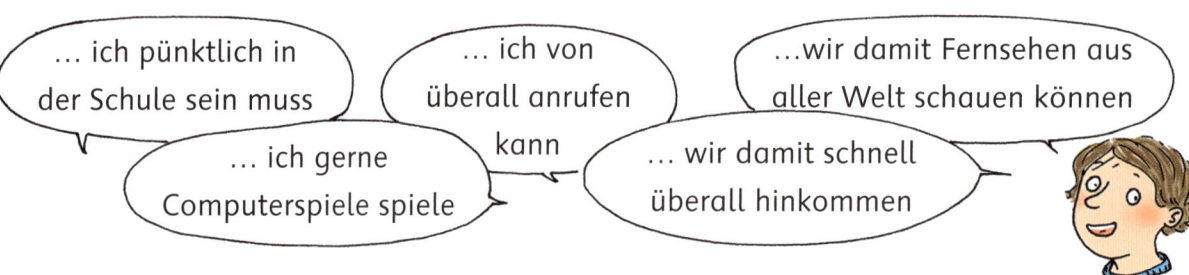

… ich pünktlich in der Schule sein muss

… ich von überall anrufen kann

…wir damit Fernsehen aus aller Welt schauen können

… ich gerne Computerspiele spiele

… wir damit schnell überall hinkommen

Besonders _____

_____

_____

_____

_____

_____

_____

_____

Bildbetrachtung und Aufgabe 1 der Sprachbuchseite 30
mit allen Kindern gemeinsam vorschalten.

Beschreiben, wie etwas funktioniert

1 Wie stellst du dir eine Butterbrot-Schmiermaschine vor?
Zeichne sie auf. Beschrifte die wichtigen Teile.

2 Beschreibe, wie deine Maschine funktioniert.

_____

_____

_____

_____

3 Zeichne eine eigene Erfindung. Gib ihr einen Namen.

4 Stelle deine Erfindung den anderen vor.
Begründe, warum diese Erfindung wichtig ist.

Den Text der Sprachbuchseite 31 mit allen Kindern gemeinsam lesen und besprechen.
Die Aufgabe 2 der Sprachbuchseite kann auch bearbeitet werden.

Präteritum, Perfekt

1 Die Kinder sollen sich über Berufe von früher informieren. Lena befragt ihren Opa. Lies, was Opa erzählt und was Lena schreibt.

! Präteritum = aufgeschriebene Vergangenheit: er arbeitete, er lebte

Perfekt = erzählte Vergangenheit: er hat gearbeitet, er hat gelebt

> Als ich ein kleiner Junge war, hat mein Vater als Dorfschmied gearbeitet. Er hat Pferde mit Hufeisen beschlagen und hat Holzräder von Fuhrwerken mit eisernen Reifen bereift. Außerdem hat er Werkzeug geschmiedet und hat Äxte geschärft.

Am nächsten Tag in der Schule, schreibt Lena auf, was Opa ihr erzählt hat.

> Opas Vater arbeitete als Dorfschmied. Er beschlug Pferde mit Hufeisen und bereifte Holzräder von Fuhrwerken mit eisernen Reifen. Außerdem schmiedete er Werkzeug und schärfte Äxte.

2 Ordne die Verbformen aus Aufgabe 1 in die Tabelle ein.

Präteritum	Perfekt
er arbeitete	er hat gearbeitet

3 Setze auch diese Verben ins Präteritum und ins Perfekt und schreibe sie in die Tabelle:

sie hämmert   er kocht   sie schreibt

Die Einführung der Zeitstufen *Präteritum* und *Perfekt* erfolgt zuvor mit allen Kindern gemeinsam anhand der Sprachbuchseite 32.

Präsens, Futur

1 Lies die Sätze. Unterstreiche die Verben im Präsens und im Futur.

Heute <u>wohne</u> ich bei meinen Eltern.

Später werde ich in einer eigenen Wohnung wohnen.

Heute schreiben die Schulkinder vieles in ihre Hefte.

Bald werden die Schulkinder viel mehr mit dem Computer schreiben.

Heute fahre ich mit dem Fahrrad zur Schule.

Nächstes Jahr werde ich mit dem Bus zur Schule fahren.

2 Finde noch ein eigenes Beispiel und schreibe es auf.

3 Schreibe die Personalformen der Verben im Futur auf.

wohnen	bauen	arbeiten
ich werde wohnen	*ich werde*	
du wirst wohnen		
er wird wohnen		
sie wird wohnen		
wir werden wohnen		
ihr werdet wohnen		
sie werden wohnen		

Die Einführung der Zeitstufen *Präsens* und *Futur* erfolgt zuvor mit allen Kindern
gemeinsam anhand der Sprachbuchseite 33.

33

Strategien anwenden 1

1 Welche Strategie musst du beim Schreiben der Wörter anwenden:
 Verlängern oder Ableiten?
Verbinde die Wortpaare, die zusammengehören.
Zeichne das passende Symbol in den Kreis davor.

- das Kind
- das Kärtchen
- der Lieblingsberuf
- die Maskenbildnerin
- schreibt
- die Bäckerin
- der Verkäufer
- die Tänzerin
- der Gärtner

kaufen
- die Liebe
backen
- die Karte
o die Kinder
o die Bilder
schreiben
- der Garten
tanzen

2 Ergänze die Tabelle mit der fehlenden weiblichen oder männlichen Form.

weiblich	männlich
die Lehrerin	
	der Rechtsanwalt
die Bäuerin	
	der Koch
	der Zahnarzt
die Fernsehmoderatorin	

3 Was möchtest du einmal werden? Begründe deinen Wunsch.

_____

_____

34

Die Arbeitsheftseite 34 muss zuvor mit den Kindern besprochen werden.
Die Symbole müssen geklärt werden.

Hier üben wir

1 Lies den Text. Schreibe die Nomen richtig in die Lücken.

Mein Wunschberuf

Später möchte ich _Tierärztin_ werden, wie meine Mutter.

nitzräreiT

Wir mögen Tiere _____ gern. Einmal durfte ich dabei sein, als _____

hcilmän .... sthcan

ein _____ geboren wurde. Das war ein aufregendes _____.

nelhoF .... sinbelrE

Am liebsten schaue ich zu, wenn _____ oder andere kleine Tiere

neztaK

zur Untersuchung gebracht werden. Meine Mutter muss die Tiere _impfen_,

nefpmi

_____ wechseln, einen kranken Zahn ziehen oder gebrochene

ednäbreV

_____ behandeln. Nicht immer verhalten sich die _____

nehconK .... netneitaP

während der _____ ruhig. Sie haben _____

gnuldnaheB .... tsgnA

und wollen _____ oder spüren große _____.

neßiersua .... nezremhcS

3 Setze die Verben in der richtigen Personalform ein.

sich verletzen	Die Katze _____ die Pfote.
wechseln	Die Tierärztin _____ den Verband.
behandeln	Meine Mutter _____ das Pferd.
sich verhalten	Die kranken Tiere _____ unruhig.

4 Welche Wörter werden hier verzaubert? Schreibe sie auf.

● ◎nf❁ll   r◎h❖g   w❖cht❖g   s◆hr   ● V◆rb❁nd

a = ❁

e = ◆

i = ❖

o = ✛

u = ◎

_____

Übungstext und Wortschatz müssen zuvor gemeinsam erarbeitet werden.

Das bin ich

1 Leon ist die Teekanne heruntergefallen.
Was könnten Oma und Leon sagen?
Wähle aus und schreibe es in die Sprechblasen.

Oh nein! Die schöne Teekanne!   Das wollte ich doch nicht!

Wie konnte das denn passieren?   Musst du immer so toben?

Leon! Kannst du denn nicht aufpassen?   Jetzt ist die schöne Teekanne kaputt!

Ich kaufe dir von meinem Taschengeld eine neue Teekanne.   Es tut mir leid.

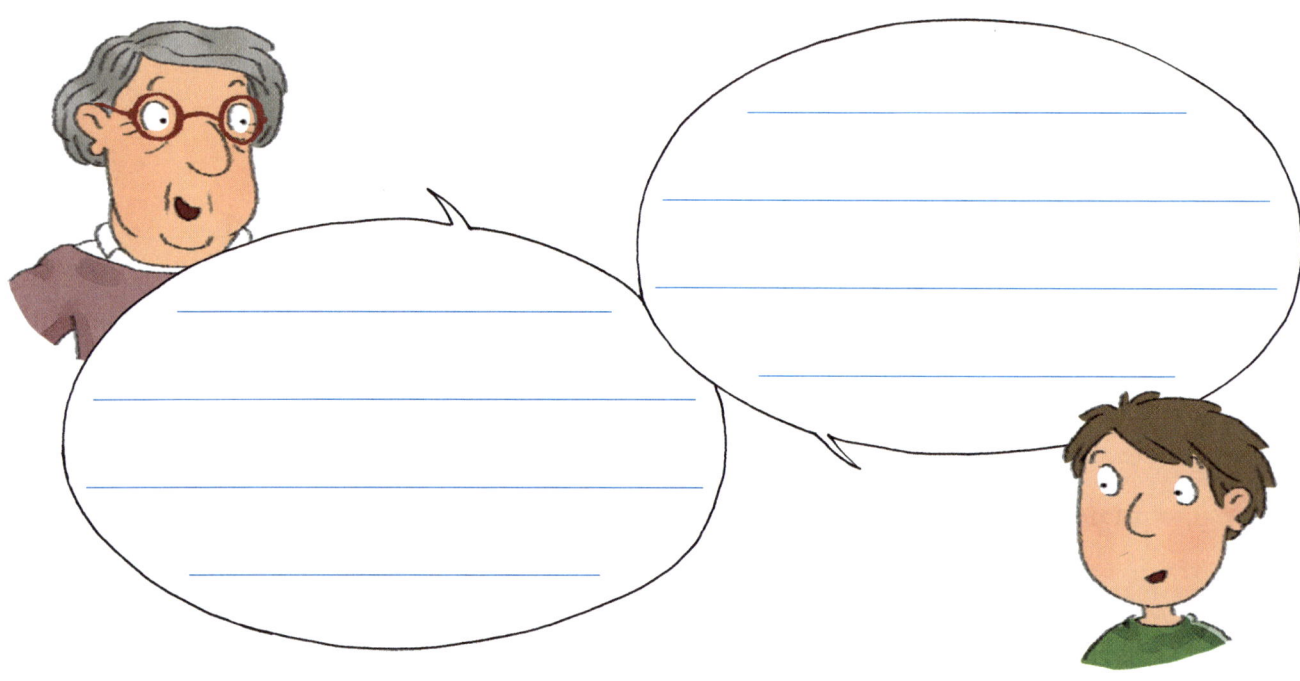

2 Wie könnten sich Leon und Oma fühlen?
Vervollständige die Sätze. Achtung: Ein Wort passt nicht.

ärgerlich   traurig   glücklich   erschrocken   entsetzt

Oma ist _____, weil ihre Lieblingsteekanne kaputt ist.

Leon ist _____, weil Oma verärgert ist.

Oma ist _____, weil Lena so wild war.

Leon ist _____, weil er so tollpatschig war.

entsetzt:	**tollpatschig:**
über etwas sehr erschrocken und verärgert sein	ungeschickt, jemand der oft etwas umstößt oder stolpert

Bildbetrachtung der Sprachbuchseite 36 sowie die Besprechung der Aufgaben 1 und 2 mit allen Kindern gemeinsam vorschalten.

Für wen man schreibt

1 Schreibe einen Brief an Opa
und erzähle von dem Unfall.
Die Satzteile können dir helfen.

auf dem Schulhof • etwas passiert • Freundin Sinem •
vom Klettergerüst gefallen • weinte • Fuß tat weh •
konnte nicht mehr aufstehen • Lehrerin rief Krankenwagen •
wurde ins Krankenhaus gefahren • Fuß ist gebrochen

Lieber Opa,   *4. 6. 2012*

_____

_____

_____

_____

_____

_____

_____

_____

_____

1 Finde die wichtigen Angaben für einen Unfallbericht.

Datum	Zeit	Ort
Beteiligte		
Geschehen		
Folgen		

Aufgabe 1 der Sprachbuchseite 37 muss im Klassenverband
intensiv vorbesprochen werden.

37

Subjekt, Prädikat, Objekt

1 Finde in den Sätzen das Subjekt und das Prädikat.
Unterstreiche das Subjekt blau und das Prädikat rot.

Beispiel: <u>Tante Julia</u> <u>erzählt</u> ein Märchen.

           Wer oder was erzählt ein Märchen?

           Was tut Tante Julia?

Jana und Alex lieben Märchen.

Die Kinder hören eine spannende Geschichte.

Marie malt ein Bild.

Papa bringt den Kuchen.

2 In jedem Satz aus Aufgabe 1 bleibt ein Satzglied übrig.
Es heißt Objekt. Unterstreiche das Objekt in den Sätzen grün.

3 Finde zu jedem Satz das passende Objekt. Verbinde.

Subjekt	Prädikat	Objekt
Nora	schreibt	das Kinderfahrrad.
Oma	liest	den Gartenweg.
Papa	repariert	von ihrem Urlaub.
Opa und ich	reinigen	Piratengeschichten.
Dana und Sinan	erzählen	einen Brief.
Meine Freundin	liebt	die Zeitung.

4 Schreibe die Sätze auf. Unterstreiche Subjekt, Prädikat und Objekt.

Die Fachbegriffe *Subjekt* und *Prädikat* mit allen Kindern zusammen wiederholen
und den neuen Fachbegriff *Objekt* gemeinsam kennen lernen.

Dativobjekt und Akkusativobjekt

Dativobjekt: Wem ...?
Akkusativobjekt: Wen oder was ...?

1 Finde in den Sätzen das Dativobjekt.
Die Frage Wem ...? hilft dir dabei.
Unterstreiche das Dativobjekt hellgrün und schreibe es auf.

Lisa antwortet der Lehrerin.
Wem antwortet Lisa? _____

Alex hilft der neuen Mitschülerin.
Wem hilft Alex? _____

Opa begegnet der Nachbarin.
Wem begegnet Opa? _____

2 Finde in den Sätzen das Akkusativobjekt.
Die Frage Wen oder was ...? hilft dir dabei.
Unterstreiche das Akkusativobjekt dunkelgrün und schreibe es auf.

Der Trainer schießt den Fußball.
Wen oder was schießt der Trainer? _____

Mike erklärt die Hausaufgaben.
Wen oder was erklärt Mike? _____

Alexandra lernt die Baderegeln.
Wen oder was lernt Alexandra? _____

3 Finde in den Sätzen das Dativobjekt und das Akkusativobjekt.
Denke an die Fragen Wem ...? und Wen oder was ...?.
Unterstreiche das Dativobjekt hellgrün und das Akkusativobjekt dunkelgrün.

Laura schreibt ihrer Freundin einen Brief.

Die Sportlehrerin erklärt den Kindern die Spielregeln.

Nikolas zeigt seiner Mutter das Klassenfoto.

Paula schenkt ihrem kleinen Bruder einen Teddy.

4 Unterstreiche: Dativobjekte und Akkusativobjekte.

Ben zeigt seiner Schwester Kim ein Buch.

Das Buch gefällt Kim.

Es erzählt eine spannende Geistergeschichte.

Kim liest ihrem Bruder das Buch vor.

Die Geschwister lieben Gruselgeschichten.

Objekte im Wem- und Wen- Fall im Klassenverband kennenlernen.
Nach der Arbeit im Förderheft ist ggf. die Weiterarbeit im Sprachbuch möglich.

39

Verlängern: silbentrennendes h

1 Verlängere die Verben und die Nomen. Schreibe die Verlängerung auf.

 er zieht

ziehen

 das Reh

die Rehe

 es flieht

_____

 das Geweih

_____

 sie dreht sich

sich

 der Turnschuh

_____

 er verbrüht sich

sich

 der Zeh

_____

2 Schreibe die Verben in der Personalform auf.
Schreibe die Nomen in der Einzahl.

 drohen

er droht

 die Schuhe

ein Schuh

gehen

sie

 die Flöhe

_____

nähen

er

 die Kühe

_____

3 Setze die passenden Wörter aus Aufgabe 1 und 2 in die Lücken ein.

Lisa hat sich beim Sport den großen _____ gestoßen.

Ramin kann seinen rechten _____ nicht finden.

Papa ist gestern ein  _____ vor das Auto gelaufen.

Der Hirsch hat ein schönes _____.

Omas Hund hat einen _____.

Die Aufgabe 1 der Sprachbuchseite 40 im Klassenverband vorschalten, ggf. silbentrennendes h thematisieren.

Hier üben wir

1 Finde 15 Übungswörter im Rätselgitter (nur waagerecht).
Male sie gelb an und schreibe sie auf.
Schreibe bei den Nomen den Artikel dazu.
Tipp: Wenn du den Artikel nicht genau weißt, schau in der Wörterliste nach.

A	F	E	H	L	E	R	A	R	X	I	D	E	E	Y	R	B	C
R	L	M	Ü	H	E	Y	E	G	E	B	Ä	U	D	E	Ü	Ü	A
Q	X	P	R	I	M	A	E	C	L	E	H	R	E	R	I	N	Z
S	M	E	H	R	K	I	G	T	U	R	N	I	E	R	X	G	H
S	C	H	R	E	I	B	E	N	X	V	T	I	H	N	E	N	G
W	X	T	N	O	T	I	E	R	E	N	Z	X	S	E	H	R	K
O	F	R	E	U	N	D	L	I	C	H	S	C	R	U	H	I	G
I	R	H	F	S	P	A	N	N	E	N	D	S	S	E	Ü	M	K

der Fehler _____

_____

_____

_____

2 Verbinde die Grundform mit der Personalform.

besorgen   finden   glauben   notieren   schreiben   tragen   sich ärgern

er schreibt   sie notiert   er trägt   er fand   sie besorgt   er ärgert sich   er glaubt

3 Setze das passende Wort in der richtigen Personalform in die Lücke ein.

besorgen   sich ärgern   notieren

Tom _____ über seinen Fehler im Diktat.

Die Lehrerin _____ die Punkte beim Völkerball.

Am Nachmittag _____ Emilia ein neues Heft.

Alle in Aufgabe 1 zu suchende Wörter sind dem Übungswortschatz der Sprachbuchseite 41 entnommen. Übungstext und Wortschatz müssen zuvor gemeinsam erarbeitet werden. Aufgabe 1 der Sprachbuchseite kann ggf. zusätzlich bearbeitet werden.

2. Jo-Jo-Test

Unterschiedliche Fälle

1 Schreibe in den Lückentext die passenden Nomen.
Die Fragen helfen dir.

den Eisbären	der Eisbär	des Eisbären	der Eisbär	dem Eisbären

_____ ist ein gefährliches Raubtier.
    (Wer oder was?)

Viele Jäger sind schon im Kampf mit _____ gestorben.
                             (Wem oder was?)

_____ kann auch Hunde mit einem einzigen Hieb seiner Tatze töten.
    (Wer oder was?)

Trotzdem ist das dicke Fell _____ sehr beliebt.
                    (Wessen?)

Sein Fell hält nämlich _____ auch bei größter Kälte warm.
                (Wen oder was?)

Wörter richtig schreiben

2 Finde die fehlenden doppelten Konsonanten.
Schreibe die Wörter mit ihrem Artikel auf.

tt
mm
ll
nn
ff

- ● Schwi___bad
- ● Fe___jacke
- ● Eisscho___e
- ○ Schli___schuhe
- ● Ro___bahn

- ● Ho___nung
- hi___lisch
- ● Ma___schaft
- ● We___lauf
- ● Re___pferd

_____

_____

_____

_____

Ein Nomen in unterschiedlichen Fällen gebrauchen,
Wörter mit Doppelkonsonanten richtig schreiben.

Fragen zum Text

3 Lies den Text und die Fragen. Unterstreiche zuerst die Antworten im Text.
Beantworte die Fragen dann in ganzen Sätzen.

Um den Nordpol herum erstreckt sich die Arktis.
In diesem Gebiet ist es meistens sehr kalt.
Die Temperaturen in der kurzen Sommerzeit
liegen bei durchschnittlich 10 Grad.
In der langen Winterzeit kann es manchmal
bis zu –70 Grad kalt werden. In diesem kalten Klima
leben Menschen, die sich Inuit nennen.
Sie haben sich auf das Leben im Eis eingestellt.
Sie erfanden ein Haus aus Schnee, das wir als Iglu kennen.

Wie kalt kann es in der Arktis werden?

_____

Was ist ein anderer Name für „Haus im Schnee"?

_____

Wie heißen die Menschen, die in der Arktis leben?

_____

Wo liegt die Arktis?

_____

Subjekt und Prädikat finden

4 Ordne die Satzglieder in jeder Zeile zu einem Satz.
Unterstreiche alle Subjekte blau und alle Prädikate rot.

bauten   die Inuit   in einer halben Stunde   ein Iglu

_____

die Männer   aus festem Schnee   große Blöcke   schnitten

_____

die Blöcke   die Inuit   stapelten   ähnlich wie ein Schneckenhaus

_____

_____

Fragen zum Text beantworten, die Fragen und Antworten können bei Bedarf
auch ins Heft abgeschrieben werden, Satzglieder ordnen.

43

Natur entdecken: Tiere

1 Lies die Sätze über die Entwicklung des Frosches.
Ordne die Sätze den Bildern zu.

①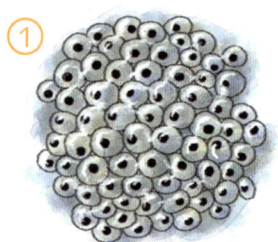

☐ Nach kurzer Zeit schlüpfen
aus den Eiern Kaulquappen.
Die Kaulquappen wachsen sehr schnell.

②

1 Im Frühling legt das Weibchen seine Eier,
die man Laich nennt, im Teich ab.
Der Laich besteht aus vielen durchsichtigen
kleinen Kugeln, in denen schwarze Eier sind.

③

☐ Zuerst wachsen den Kaulquappen
die Hinterbeine, ihr Schwanz beginnt
zu schrumpfen.

④

☐ In den Eiern entwickelt sich der Kopf
und der Schwanz.

⑤

☐ Aus der Kaulquappe ist ein
ausgewachsener Grasfrosch geworden.
Er kann jetzt nicht mehr nur im Wasser,
sondern auch an Land leben.

⑥

☐ Nach ungefähr acht Wochen
sind die Hinterbeine groß genug.
Am Kopf der Kaulquappe bilden sich
Vorderbeine. Der Schwanz schrumpft weiter.

2 Wenn du wissen willst, warum der Frosch im Wasser und an Land leben kann,
informiere dich: im Internet, im Tierlexikon, in Sachbüchern, durch Nachfragen
bei Erwachsenen.

Der Seitenschwerpunkt liegt auf dem Lesen, dem Textverständnis und der Wortschatz-
erweiterung durch Fachausdrücke. Die Erarbeitung der Sprachbuchseite 44
im Klassenverband muss der Bearbeitung der Arbeitsheftseite vorausgegangen sein.

Bitten formulieren

1 Setze die vorgegebenen Textteile richtig in die E-Mail ein.

bitte schicken Sie uns
Infomaterial zum Thema Teich.
Wir behandeln das Thema
gerade im Unterricht.

Herzliche Grüße
Ihre Klasse 4a

Sehr geehrte Damen und Herren,

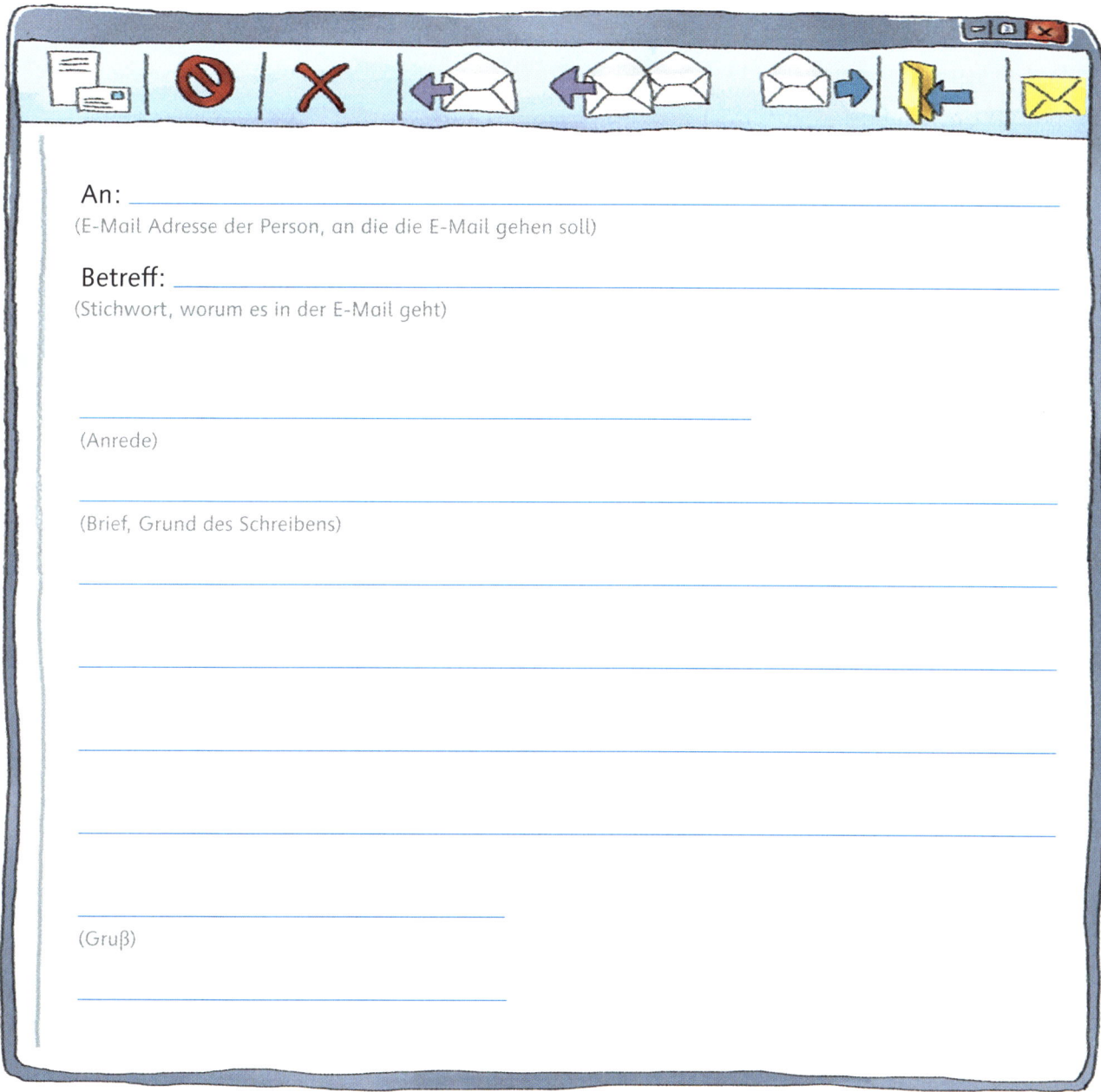

An: _____
(E-Mail Adresse der Person, an die die E-Mail gehen soll)

Betreff: _____
(Stichwort, worum es in der E-Mail geht)

_____
(Anrede)

_____
(Brief, Grund des Schreibens)

_____

_____

_____

_____
(Gruß)

_____

2 Durch welche Wörter hört sich der Text höflich an? Unterstreiche Sie.

3 Suche über www.blinde-kuh.de nach einer echten E-Mail-Adresse eines Naturschutzbundes.

Vergleichsstufen

1   Lies die Sätze.
Unterstreiche in jedem Satz das Adjektiv.

Der Grasfrosch kommt
bei uns am häufigsten vor.
Er wird bis zu 10 cm groß.

Ein Wasserfrosch ist
dicker als ein Grasfrosch.
Er entfernt sich nie weit
vom Wasser.

Der Laubfrosch ist von
den drei Fröschen
am kleinsten.
Er kann gut klettern.

2   Ordne die unterstrichenen Adjektive aus der Aufgabe 1 in die Tabelle ein.
Ergänze die fehlenden Formen.

größer   am dicksten   klein   häufig   am weitesten   besser

dick   weiter   am besten   am größten   kleiner   häufiger

Grundstufe	1. Vergleichsstufe	2. Vergleichsstufe
		am häufigsten

3   Finde noch drei eigene Beispiele und schreibe sie in die Tabelle.

Die Einführung der Vergleichsstufen von Adjektiven erfolgt zuvor
mit allen Kindern gemeinsam anhand der Sprachbuchseite 46.

Wörter mit Qu/qu

1 Hier findest du viele Wörter mit Qu/qu. Betrachte die Bilder
und lies die Erklärungen. Vervollständige die Sätze.

die Quelle = eine Stelle, an der Wasser aus der Erde kommt,
der Beginn eines Baches oder Flusses

Aus der *Quelle* wird ein Fluss.

überqueren = von einer Seite auf die andere gehen

Die Kinder _____ die Straße.

quaken = Laute, die ein Frosch von sich gibt

Der Frosch _____ laut.

das Quartett = ein Kartenspiel, bei dem man vier
zusammengehörige Karten sammeln muss

Sarah hat ein _____ mit Tierkarten.

der Quatsch = Unsinn machen oder Unsinn reden

Die Kinder machen _____.

bequem = etwas, was so ist, dass man sich darin wohlfühlt

Das Sofa ist _____.

quietschvergnügt = fröhlich sein und Spaß haben

Die Kinder sind _____.

die Quitte = eine Frucht, aus der man Marmelade kocht

Die _____ ist gelb und wächst am Baum.

1 Schreibe die Qu/qu- Wörter auf. Ordne sie nach Nomen, Verben, Adjektiven.
Male Qu und qu farbig an.

_____

_____

_____

Wortschatzarbeit mit QU/qu-Wörtern: Bewusstsein bilden
für den Laut und die Schreibung.

47

Strategien anwenden 2

1 Lies den Text.
Finde die passende Ableitung zu den Lückenwörtern und streiche sie durch.
Setze die fehlenden Buchstaben in die Lückenwörter ein.

(Ableitung)	● Gefahr	● ~~Tag~~	● Wald	● Naturschutz	● Haufen	● Schutzzaun

T ä glich wandern viele Kröten aus den W ldern zum Tümpel.
Dabei müssen sie h fig Straßen überqueren. Das ist
sehr gef hrlich. Damit die Kröten nicht überfahren werden,
stellen Natursch tzer Schutzz ne auf.

2 Lies den Text. Bilde zu jedem Lückenwort die passende Verlängerung.
Setze dann die fehlenden Buchstaben in die Lückenwörter ein.

Tina und ihre Eltern machen Urlau auf dem Bauernhof.
Tina schrei t einen Brief an ihren Freun Max.
Sie berichtet Max von den Tieren:
„Jeden Ta darf ich ausreiten. Mein Lieblingspfer
heißt Lotta. Aben s füttere ich die Schweine.
Die jungen Ferkel sausen wil im Stall umher.
Am liebsten aber jage ich mit dem Hun durch den Wal ."

3 Suche zu jedem Wort die passende Ableitung oder die Verlängerung.
Schreibe sie auf. Male in den Kreis das passende Zeichen:
Musst du ableiten oder verlängern?
Setze die fehlenden Buchstaben in die Lückenwörter ein.

leben	○ Wege	● Zahl	○ Lieder	○ ~~Weiber~~	tausende	● Angst	● Zaun

(Verlängerung)	Wei b chen	Weiber	○	______	We
○	le t	______	○	______	ngstlich
○	z hlen	______	○	______	tausen
○	Z ne	______	○	______	Lie

Die Übungen der Aufgaben 1 und 2 der Sprachbuchseite 48 können im Klassenverband bearbeitet werden.

Hier üben wir

1 Lies den Text über die Frösche. Setze die Nomen richtig in den Lückentext ein.

● ~~Nordpol~~   ● Südpol   ● Nähe   ○ Teichen   ○ Tümpeln

● Dämmerung   ○ Frösche   ● Deutschland   ○ Feinde   ● Laubfrosch

● Feind   ● Mensch   ○ Moore   ○ Straßen   ○ Wiesen

Frösche leben fast überall auf der Welt, nur nicht am _Nordpol_ und am _____.

Die meisten Frösche halten sich in _____ und in _____ oder

in der _____ davon auf. Viele Frösche werden abends besonders aktiv.

Deshalb hört man sie in der _____ oft laut quaken.

Die in _____ bekanntesten _____ sind der Grasfrosch,

der _____ und der Wasserfrosch. Am häufigsten kommt bei uns

der Grasfrosch vor. Frösche haben natürliche _____, zum Beispiel Störche

und Uhus. Ihr schlimmster _____ jedoch ist der _____.

Er baut _____ und legt _____ und _____ trocken.

2 Ergänze die Tabelle mit den Adjektiven.

Grundstufe	1. Vergleichsstufe	2. Vergleichsstufe
aktiv		
	bekannter	
		am häufigsten
niedrig		
	schlimmer	
		am trockensten

Übungstext und Wortschatz müssen zuvor gemeinsam erarbeitet werden.

Frühling

1 Bringe die Sätze in die richtige Reihenfolge. Ordne sie den Bildern zu.
Ersetze die Abbildungen durch Wörter. Der gelbe Kasten hilft dir dabei.

Zum Schluss reinigt Lara die 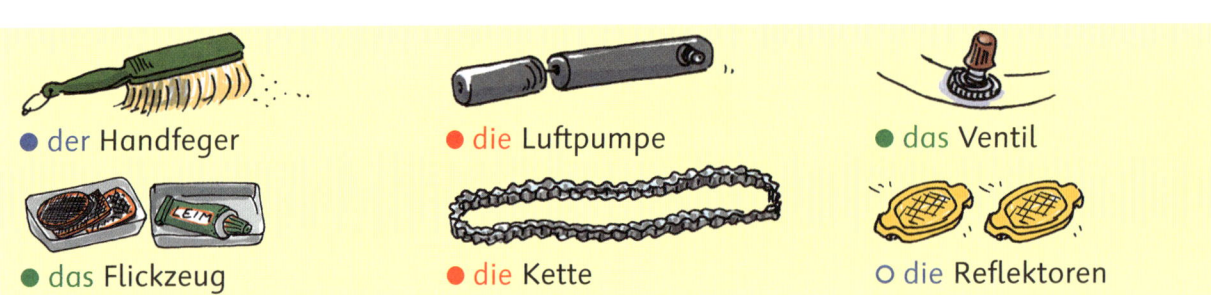 und putzt ihr Fahrrad.

Danach setzt sie die _____ auf das _____ und versucht, den Reifen aufzupumpen.

Anschließend ziehen sie die _____ wieder auf und fetten sie ein.

Zuerst fegt Lara die Spinnenweben mit einem _____ ab.

Oma kommt mit dem _____ und gemeinsam reparieren sie den Reifen.

Zuerst _____

_____

_____

_____

_____

_____

_____

_____

_____

- der **Handfeger**
- die **Luftpumpe**
- das **Ventil**
- das **Flickzeug**
- die **Kette**
- die **Reflektoren**

Bildbetrachtung der Sprachbuchseite 36 sowie die Besprechung der Aufgaben 1 und 2
mit allen Kindern gemeinsam vorschalten.

Texte überarbeiten 2

1 Überarbeite die Geschichte.
Ersetze die Wiederholungen am Satzanfang
durch diese Satzanfänge:

anschließend   danach   später   endlich   ~~zuerst~~

Lara setzte ihren Helm auf und machte sich mit dem Fahrrad auf den Weg in den Park.

Zuerst _____ ~~Dann~~ sauste sie über den _____ Gehweg.

_____ Dann fuhr sie über eine _____ Brücke.

_____ Dann strampelte sie den _____ Hügel hinauf.

_____ Dann flitzte sie auf der anderen Seite den _____
Hügel wieder hinunter.

_____ Dann kam sie an dem _____ Spielplatz an.

2 Setze in dem Text von Aufgabe 1 passende Adjektive ein

holperigen   steilen   schmale   neuen   langen

3 Finde eine passende Überschrift zu der kleinen Geschichte aus Aufgabe 1.
Schreibe deine Überschrift und den überarbeiteten Text hier auf.

_____

_____

_____

_____

_____

_____

_____

Die Kriterien für eine gute Geschichte müssen mit allen Kindern gemeinsam
zuvor besprochen werden.

51

Wortfelder

1 Welche Sätze passen zusammen? Verbinde.

Mareike sagt ihre Meinung.   Sie schimpft.

Susi sagt etwas mit wütender Stimme.   Sie erklärt.

Mareike sagt Susi, wie das Spiel geht.   Sie meint.

Susi sagt etwas, ohne viel nachzudenken.   Sie jammert.

Mareike sagt sehr laut, dass Susi kommen soll.   Sie plappert.

Susi sagt Wortanfänge öfter, bevor sie das ganze Wort sagen kann.   Sie ruft.

Mareike sagt etwas jämmerlich.   Sie entgegnet.

Susi sagt in der Antwort etwas gegen Mareikes Meinung.   Sie stottert.

2 Setze die passenden Verben in die Lücken ein.
Achte auf die richtige Personalform.

entgegnen   rufen   schimpfen   erklären   jammern

Julian und Leon wollen ihre Fahrräder aufpumpen.

Leon _____ :   „Kannst du mir helfen?
                                Ich kann mein Fahrrad nicht aufpumpen!"

Julian _____ :   „Zuerst musst du die Luftpumpe auf das Ventil setzen.
                                 Dann kannst du anfangen zu pumpen."

Leon _____ :   „Mist! Die Luftpumpe rutscht immer wieder ab.
                                Ich schaffe das nicht!"

Julian _____ :   „Doch, das schaffst du schon.
                                 Ich zeige es dir noch einmal."

Leon _____ :   „Juhu, ich habe es geschafft!
                                Endlich können wir losfahren."

3 Schreibe das Gespräch in dein Heft.

Die Wortfeldarbeit muss im Klassenverband vorbereitet werden.

Wörtliche Rede und Redebegleitsätze

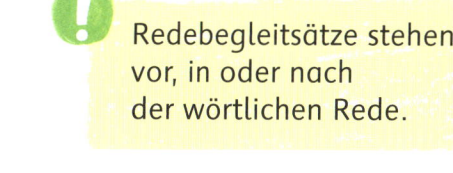

Redebegleitsätze stehen vor, in oder nach der wörtlichen Rede.

1 Lies die Sätze und übermale die Redezeichen gelb.
Unterstreiche die Redebegleitsätze.

Leon ruft: „Juhu, ich habe es geschafft!"

„Juju", ruft Leon, „ich habe es geschafft!"

„Juhu, ich habe es geschafft!", ruft Leon.

2 Setze den Redebegleitsatz ein und ergänze die Redezeichen.

① Julian meint   ② Leon jubelt   ③ Julian ruft

① _Julian_ _____ Komm, lass uns zum Spielplatz fahren!

Komm, lass uns zum Spielplatz fahren! _____

Komm _____ lass uns zum Spielplatz fahren!

② _____ Au ja, das ist eine gute Idee!

Au ja, das ist eine gute Idee! _____

Au ja _____ das ist eine gute Idee!

③ _____ Guck mal, da hinten ist Tim!

Guck mal, da hinten ist Tim! _____

Guck mal _____ da hinten ist Tim!

3 Stelle den Redebegleitsatz nach vorne, an das Ende und in die Mitte.
Setze die Redezeichen.

Leon jammert   Warte, fahr nicht so schnell!

_____

_____

_____

Die Begriffe wörtliche Rede, Redezeichen und Redebegleitsatz
müssen zuvor wiederholt werden.

53

Wortfamilien Ⓜ

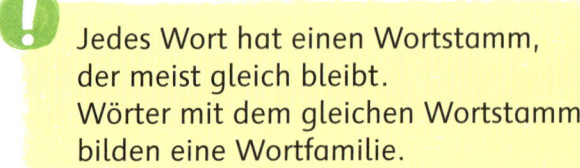

**Jedes Wort hat einen Wortstamm, der meist gleich bleibt.
Wörter mit dem gleichen Wortstamm bilden eine Wortfamilie.**

1 Hier sind Wörter der Wortfamilien
fahr und früh durcheinander geraten.
Male die Wörter einer Wortfamilie
in derselben Farbe an.

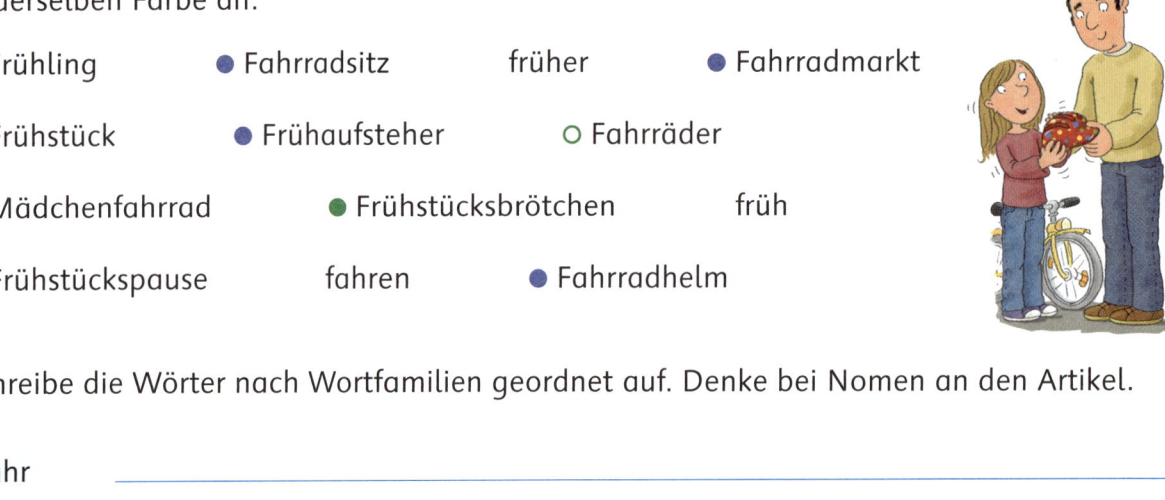

● Frühling   ● Fahrradsitz   früher   ● Fahrradmarkt

● Frühstück   ● Frühaufsteher   ○ Fahrräder

● Mädchenfahrrad   ● Frühstücksbrötchen   früh

● Frühstückspause   fahren   ● Fahrradhelm

2 Schreibe die Wörter nach Wortfamilien geordnet auf. Denke bei Nomen an den Artikel.

fahr _____

_____

_____

früh _____

_____

_____

2 Unterstreiche den Wortstamm. Nimm für gleiche Wortstämme eine Farbe.
Schreibe die Wörter nach den drei Wortfamilien geordnet auf

einpflanzen   ● Pflanzerde   ● Spielplatz   ● Motorrad

Spielregel   abspielen   ● Topfpflanze   radeln   ● Radtour

pflanz _____   _____   _____

_____   _____   _____

_____   _____   _____

Die Fachbegriffe *Wortstamm* und *Wortfamilie* müssen zuvor wiederholt werden.

Hier üben wir

1 Finde 13 Übungswörter im Rätselgitter (nur waagerecht).
Male sie gelb an und schreibe sie auf.
Schreibe bei den Nomen den Artikel dazu.
Tipp: Wenn du den Artikel nicht genau weißt, schau in der Wörterliste nach.

A	F	W	I	N	D	R	A	R	X	I	T	E	E	Y	R	B	C
R	F	A	H	R	R	A	D	D	E	O	H	R	D	E	Ö	Ü	A
Q	X	P	R	R	A	D	T	O	U	R	H	R	L	R	I	N	Z
S	H	Ü	L	L	E	X	G	F	A	H	R	T	J	R	T	G	H
N	Ü	T	Z	L	I	C	H	N	N	S	K	R	Ä	F	T	I	G
W	X	H	E	R	R	L	I	C	H	N	Z	S	T	A	U	B	K
O	V	O	R	W	Ä	R	T	S	W	M	K	Ä	M	P	F	E	N

der Wind

_____

_____

_____

2 Verbinde die Grundform mit der Personalform.
Schreibe beide Formen auf

bremsen   pfeifen   liegen   bewegen   kämpfen   wehen

er bewegt   sie kämpft   er weht   er liegt   sie bremst   er pfeift

_____

_____

_____

nützlich:	**herrlich:**	**kräftig:**	**vorwärts:**
etwas, was ich gut gebrauchen kann	etwas, das sehr schön ist	stark sein, viel Kraft haben	nach vorne

Alle in Aufgabe 1 zu suchende Wörter sind dem Übungswortschatz der Sprachbuchseite 55 entnommen. Übungstext und Wortschatz müssen zuvor gemeinsam erarbeitet werden. Die Aufgaben 1 und 2 der Sprachbuchseite 55 können zusätzlich bearbeitet werden.

www.freizeit

1 Schreibe zu jedem Wunsch die passende Begründung.

könnte ich mit ihm spielen und spazieren gehen.

störe ich keinen, wenn ich Musik hören will.

mein altes mir zu klein ist.

ich mit meinen Freunden auf dem Schulhof trainieren kann.

Ich wünsche mir ein Waveboard, damit

_____

_____

Mein größter Wunsch ist ein MP3-Player, dann

_____

_____

Ich wünsche mir ein Fahrrad, weil

_____

_____

Am schönsten wäre es, wenn ich einen Hund bekäme, dann

_____

_____

2 Welches ist dein größter Wunsch?
Schreibe den Wunsch mit Begründung auf. Male ein Bild dazu.

Mein größter Wunsch ist _____

Dann _____

_____

_____

Bildbetrachtung der Sprachbuchseite 56 erfolgt mit allen Kindern gemeinsam
als Vorbereitung, ggf. auch unter Einbeziehung der Aufgaben 1 und 2.

Diagramme

! Diagramme sind Bilder von Zahlen:
13 = • • • • • • • • • • • • •

1 Die Kinder der Klassen 4a und 4b
wurden befragt, was sie in ihrer Freizeit am liebsten machen.
Das Diagramm zeigt das Ergebnis der Befragung.
Zähle aus.

draußen spielen • • • • • • • • • • • • • • • •

Freunde treffen • • • • • • • • • • • •

Sport treiben • • • • • • • •

fernsehen • • • • • • • •

Computer spielen • • • • • •

lesen • • •

2 Was stimmt? Kreuze an.

☐ 25 Kinder sehen am liebsten fern.

☐ Sport treiben ist genauso beliebt wie fernsehen.

☐ Nur wenige Kinder lesen gerne.

☐ Die meisten Kinder treffen gerne Freunde.

☐ 16 Kinder spielen am liebsten draußen.

☐ Die Kinder treiben lieber Sport als am Computer zu spielen.

3 Schreibe die richtigen Aussagen auf.

_____

_____

_____

_____

4 Was machst du in deiner Freizeit am liebsten? Schreibe es auf und male dazu.

_____

_____

_____

Begriffserklärung *Diagramm* sowie die Aufgaben 1 und 2 der Sprachbuchseite 57
im Klassenverband vorbesprechen.

57

Werbewörter und Werbesprüche

1 Ordne die Werbewörter den Erklärungen zu.

ultralecker

preiswert

ultimativ

Schnäppchen

gnadenlos bequem

- besonders billig
- ganz besonders lecker
- super bequem
- das Beste und Neueste
- besonders niedriger Preis

2 Bilde neue Werbewörter. Setze sie zusammen.

super	ultra	mega
lecker	günstig	preiswert	praktisch	sauber	bequem

supergünstig _____

_____

_____

_____

_____

_____

_____

3 Finde in der Anzeige die englischen Wörter und schreibe sie auf.

MP3 PLAYER
NEU
MEGAGUTER SOUND
COOLES DESIGN

_____

_____

_____

● **das** Produkt:
etwas, was jemand
hergestellt hat

● **die** Werbung:
möchte dich überzeugen,
etwas zu kaufen

● **die** Anzeige:
ein Angebot in der Zeitung
oder im Internet

Aufgabe 1 der Sprachbuchseite 58 muss im Klassenverband vorbesprochen werden.

Adjektive mit Wortbausteinen

1 Ordne die Adjektive den Produkten zu.
Manche kannst du mehrmals verwenden.

lustig   praktisch

flauschig   kuschelig

     knallig   billig

unempfindlich   sportlich

       niedlich   langärmelig

2 Ordne den Nomen das passende Adjektiv zu.

ängstlich   fleißig   erfolglos   endlich   herzlos   geruchlos
herrlich   schmutzig   stürmisch   ~~neugierig~~   zahnlos   kräftig

● die Neugier   *neugierig*   ● das Ende   _____

● das Herz   _____   ● die Kraft   _____

● die Angst   _____   ● der Fleiß   _____

● der Schmutz   _____   ● der Erfolg   _____

● der Zahn   _____   ● der Herr   _____

● der Sturm   _____   ● der Geruch   _____

3 Markiere in den Adjektiven von Aufgabe 2
die Wortbausteine **-lich**, **-los**, **-isch** und **-ig** gelb.

4 Finde die Nomen zu den Adjektiven.

handlich   *die* _____   dreckig   _____

feindlich   _____   wortlos   _____

sportlich   _____   herzlich   _____

handlich:	**unempfindlich:**	**langärmlig:**
passt gut in die Hand, man kann gut damit umgehen	nicht empfindlich	mit langen Ärmeln

Aufgabe 1 der Sprachbuchseite 59 muss im Klassenverband vorgesprochen werden,
Adjektive mit Wortbausteinen im Vorfeld wiederholen.

59

Kleine Merkwörter

1 Setze das passende Wort ein.

Zuerst muss ich Hausaufgaben machen,

*dann*____ darf ich mich verabreden.
dann/wann

  Ich muss das Gedicht lernen,

_____ ich mich verabrede.
dann/bevor

Das Gedicht muss ich _____ Freitag auswendig gelernt haben.
als/bis

 Tom trinkt Mineralwasser,

_____ er Durst hat.
ob/wenn

Lisa geht auf den Spielplatz, _____ sie krank ist.
obwohl/weshalb

 Ich weiß nicht, _____ ich
als/weshalb
immer das Einmaleins vergesse.

Mir fällt nicht ein,

_____ ich heute spielen kann.
womit/dann

 Die neuen Folgen meiner Lieblingssendung

laufen _____ nächster Woche.
womit/ab

Ich bin gespannt, _____ die Sendungen
dass/ob
wieder so lustig sind wie vorher.

 Tina hat Hausarrest, _____ geht sie
obwohl/trotzdem
mit ihren Freunden ins Kino.

Alle Konjunktionen müssen anhand von Beispielen vorher inhaltlich geklärt werden.

Hier üben wir

1 Finde 19 Übungswörter im Rätselgitter (nur waagerecht).
Male sie gelb an und schreibe sie auf. Schreibe bei den Nomen den Artikel dazu.
Tipp: Wenn du den Artikel nicht genau weißt, schau in der Wörterliste nach.

Q	P	U	N	K	T	Z	C	Ä	N	E	T	Z	X	T	H	E	M	A
W	Ä	A	S	U	R	F	E	N	L	B	G	E	F	Ä	L	L	T	V
Q	I	N	F	O	R	M	A	T	I	O	N	I	T	G	R	U	N	D
T	A	U	S	G	E	D	R	U	C	K	T	X	M	A	I	L	E	N
N	E	U	G	I	E	R	I	G	S	N	L	U	S	T	I	G	O	V
N	H	A	D	J	E	K	T	I	V	P	Ä	B	E	N	U	T	Z	T
A	C	H	A	T	T	E	N	B	J	G	C	O	M	P	U	T	E	R
G	E	N	A	N	N	T	X	U	A	N	S	C	H	L	U	S	S	W
M	T	P	R	O	D	U	K	T	Ö	T	Ä	G	L	I	C	H	Q	V

der Punkt

_____

_____

_____

_____

2 Schreibe zu der Personalform der Verben Grundform auf.

wünschen   haben   schreiben   dürfen   aufkleben   erfinden   chatten
surfen   mailen   gefallen   sprechen   ~~benutzen~~   begegnen

er benutzt   *benutzen* _____   sie mailt _____

du hast _____   er darf _____

sie spricht _____   du chattest _____

ich surfe _____   sie gefällt _____

du begegnest _____   er klebt auf _____

Alle in Aufgabe 1 zu suchende Wörter sind dem Übungswortschatz der Sprachbuchseite 61 entnommen. Übungstext und Wortschatz müssen zuvor gemeinsam erarbeitet werden. Die Aufgabe 1 der Sprachbuchseite 61 kann zusätzlich bearbeitet werden.

3. Jo-Jo-Test

Adjektive erkennen

1 Unterstreiche alle Adjektive im Text.

Petra und Kai gehen langsam und leise durch eine Wiese.
Ein dicker Frosch hüpft mit einem großen Satz weg.
Am schönsten finden sie den Grashüpfer, der höher
als die Grashalme springt.

2 Trage die Adjektive in die richtige Spalte ein und finde die passenden Formen.

Grundstufe	1. Vergleichsstufe	2. Vergleichsstufe

Wörter richtig schreiben

3 Setze die Wörter mit dem Wortstamm spiel   Spiel   zusammen.
Streiche durch, was du benutzt hast.

spiel				
vor	zu	ab	Brett	Bei
Schau	en	en	en	

Spiel			
zeug	figur	regeln	karten
platz	er	feld	ball

Adjektive erkennen, Vergleichsstufen bilden, Wörter richtig schreiben.

4 Immer drei Wörter bilden eine Wortfamilie.
Male die Wörter einer Wortfamilie in derselben Farbe an.

● Mitspielerin   ernähren   fühlbar   nachspielen   gefährlich   ● Fühler

nahrhaft   ● Gefahr   fühlen   abfahren   ● Nährstoff   spielerisch

Verben in die passende Zeitstufe setzen

5 Schreibe die Sätze mit den passenden Verben. Finde die richtige Zeitform.

Gestern _____ mich mein Großvater.

 besuche   besuchte   werde … besuchen

Er _____ den ganzen Tag mit mir.

 spiele   spielte   werde … spielen

Heute _____ ich mit meinem Freund Fahrrad.

 fahre   fuhr   werde … fahren

Ich _____ den Wind auf der Haut.

 spüre   spürte   werde … spüren

Morgen _____ ich ein Bild _____.

 male   malte   werde … malen

Dabei _____ ich rote Farbe _____.

 benutze   benutzte   werde … benutzen

Redezeichen einsetzen

6 Setze die passenden Redezeichen ein.

Tante Lisa fragt   Na, mein Junge, wie geht es dir?

   Ganz gut, alles ok.   antwortet Tom.

Lisa will wissen   Und was macht ihr so alles in der Schule?

   Och,   meint Tom   wir rechnen und lesen und schreiben.

   Mehr nicht?   fragt Lisa weiter.

Tom berichtet   Doch, wir turnen auch noch und singen.

   Und was magst du am liebsten?   will Lisa wissen.

Tom erklärt   Am liebsten – am liebsten mag ich Spagetti.

Wie wir leben

Lehmhaus   Einfamilienhaus   Hochhaus   Baumhaus

1 Finde heraus, in welchem Haus Luisa wohnt.
Suche dir ein Partnerkind. Lest mit verteilten Rollen.

 Tom fragt: Luisa antwortet:

Ist dein Haus groß?	Ja.
Ist dein Haus aus Holz und Palmwedeln gebaut?	Nein.
Hat dein Haus einen Garten?	Ja.
Hat dein Haus einen Garten und eine Terrasse?	Ja.

Dann wohnst du in dem _____ .

2 Überlege dir selbst drei Fragen zu dem Haus, in dem Julian wohnt.

Ich wohne hier im 6.Stockwerk.

Ist das Haus _____

Hat es _____

_____

_____

 Wie würde dein Traumhaus aussehen?
Zeichne es auf ein Blatt und schreibe dazu.

Bildbetrachtung der Sprachbuchseite 64 sowie die Besprechung der Aufgabe 1
mit allen Kindern gemeinsam vorschalten.

Etwas beschreiben

1 Leo und Jan beschreiben ihre Wohnungen.
Die Beschreibungen sind durcheinander geraten.
Wähle eine Wohnung aus und stelle
die passenden Sätze zusammen.

① Ich wohne mit meinen Eltern in einer Hochhauswohnung.

② Um das Haus herum liegt ein Garten mit Blumen und Bäumen.

③ Die Wohnung hat 3 Zimmer, eine Küche und ein Badezimmer.

④ Das Haus hat ein graues Dach.

① Unser Haus hat ein Erdgeschoss und ein Dachgeschoss.

② Das Hochhaus liegt mitten in der Stadt und hat 10 Stockwerke.

③ Das Haus hat eine Terrasse.

④ Unsere Wohnung hat einen kleinen Balkon, aber keinen Garten.

2 Wie wohnst du mit deiner Familie? Beschreibe dein Haus oder deine Wohnung
mit Hilfe der Fragen. Antworte in ganzen Sätzen.

In was für einem Haus wohnst du? • Wie viele Etagen hat das Haus?
In welchem Stockwerk ist die Wohnung oder dein Zimmer?
Wie viele Zimmer habt ihr? • Wie sieht dein Zimmer aus? • Gibt es einen Balkon?
Habt ihr einen Garten? • Gibt es einen Spielplatz in der Nähe?

Passende Sätze richtig zusammenstellen und so zu einer stimmigen Beschreibung
gelangen.

65

Ideen zu einem Thema sammeln

1 Hier findest du zwei Kinderrechte. Lies die Rechte. Schau dir die Bilder an.
Rahme die Bilder mit der passenden Farbe ein.

> Das Recht auf Gesundheit
> und ausreichende Ernährung.

> Das Recht auf Freizeit,
> Spiel und Erholung.

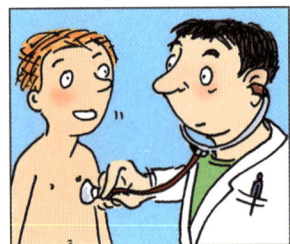

2 Ordne diese Sätze den Bildern zu.

Jedes Kind muss regelmäßig von einem Arzt untersucht
werden. Wenn es krank ist, muss es behandelt werden.

Kinder müssen genug Zeit zum Spielen haben.
Sie sollen sich von der Schule erholen können.

Jedes Kind soll sich gesund ernähren können. Deshalb
muss es viel Obst und Gemüse zu essen bekommen.

○ die Kinderrechte:
Kinder auf der ganzen Welt
sollen damit vor Armut, Hunger
und Gewalt geschützt werden

● der Weltkindergipfel:
Treffen von Kindern und Politikern aus
aller Welt; sie besprechen, was man für
Kinder tun muss, damit es ihnen gut geht

Wortbedeutungen klären, sinnverstehend lesen und zuordnen können.

Wörter mit -heit, -keit, -ung, -nis

Wörter mit -heit, -keit, -ung, -nis sind Nomen. Sie werden groß-geschrieben. Man kann sie aus Adjektiven und Verben bilden.

1 Lies die Wörter im Kasten. Übermale die Wortbausteine -heit, -keit, -ung, -nis gelb.

● Geheimnis	● Gültigkeit	● Kindheit	● Meinung	● Krankheit	● Bedürfnis
● Verzeihung	● Prüfung	● Planung	● Schönheit	● Klugheit	● Fröhlichkeit
● Sauberkeit	● Fähigkeit	● Erklärung	● Flüssigkeit	● Seltenheit	● Finsternis

2 Lies die Wörter. Schreibe in die Kästchen V für Verb oder A für Adjektiv.
Schreibe zu jedem Verb oder Adjektiv das passende Nomen aus Aufgabe 1 mit Artikel auf.

A	schön	*die Schönheit*		meinen	_____
	verzeihen	_____		planen	_____
	geheim	_____		prüfen	_____
	fröhlich	_____		klug	_____
	bedürfen	_____		gültig	_____

3 Setze die passenden Nomen in den Text ein.

● Heiserkeit   ● Untersuchung   ● ~~Erkältung~~

● Erlaubnis   ● Entschuldigung   ● Aufführung

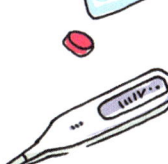

Tina hatte eine *Erkältung* . Sie litt unter großer _____ .

Die Mutter ging mit ihr zum Arzt. Nach der _____ gab ihr

der Arzt nicht die _____ , in die Schule zu gehen. Die Mutter schrieb

für Tina eine _____ . Tina war sehr traurig, denn nun

konnte sie nicht an der _____ ihrer Klasse teilnehmen.

4 Suche zu jedem Nomen aus Aufgabe 3 das passende Verb oder Adjektiv. Schreibe es auf.

_____

_____

Bildung von Nomen mit den Wortbausteinen -heit, -keit, -ung und -nis,
Wortbedeutungen klären, Großschreibung anwenden.

67

Merkwörter mit ß

1 Male in den Wörtern das **ß** gelb an. Setze die ß-Wörter richtig in die Lückensätze ein.

~~großartig~~	barfuß	Straße	fließendes	aßen	außerdem
schließlich	regelmäßig	Hilfsmaßnahmen	beschließen		

Konstantin aus Deutschland hat im Jahr 2002 am Weltkindergipfel teilgenommen.

Er fand es *großartig*, dabei zu sein. Die Regierungen vieler Länder

_____ auf dem Weltkindergipfel _____, damit es

den Kindern der Welt besser geht. Konstantin erfuhr viel über das Leben der Kinder

in Afrika und _____ etwas über ihre schlechten Lebensbedingungen.

Viele Kinder in Afrika müssen _____ auf der _____ zur Schule laufen.

Viele afrikanische Familien haben kein _____ Wasser in ihren Häusern.

Alle Teilnehmer des Weltkindergipfel _____ gemeinsam Abendbrot.

_____ flogen alle Kinder wieder zurück in ihre Heimatländer.

Konstantin findet, dass es einen Weltkindergipfel _____ geben sollte.

3 Finde zu jedem Wortstamm mindestens zwei weitere Wörter aus der Wortfamilie.

fuß: *barfuß,* _____

groß: *großartig,* _____

UNO: Abkürzung für Vereinte Nationen, eine Organisation vieler Staaten, die sich für Frieden und Menschenrechte einsetzen	**Afrika:** ein Kontinent, zweitgrößter Erdteil
	aßen: Vergangenheitsform von essen
verseuchtes Wasser: verschmutztes Wasser, das krank machen kann	**fließendes Wasser:** sauberes Trinkwasser, das durch eine Wasserleitung ins Haus kommt

 Den Text der Sprachbuchseite 68 mit allen Kindern gemeinsam lesen und besprechen.
Aufgabe 1 der Sprachbuchseite kann im Klassenverband mitbearbeitet werden.

Hier üben wir

1 Hier verstecken sich Nomen aus der Lernwörterleiste. Schreibe sie auf.

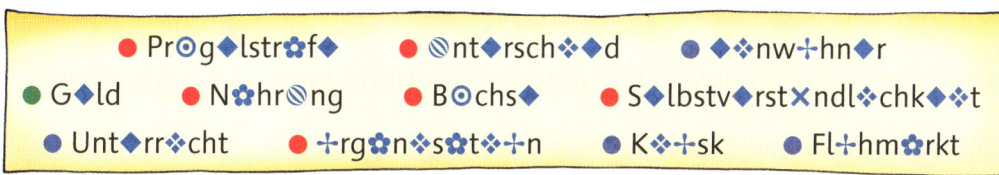

● Pr⊙g◆lstr✿f◆   ● ◎nt◆rsch✧◆d   ● ◆✧nw✢hn◆r
● G◆ld   ● N✿hr◎ng   ● B⊙chs◆   ● S◆lbstv◆rst✕ndl✧chk◆✧t
● Unt◆rr✧cht   ● ✢rg✿n✧s✿t✧✢n   ● K✧✢sk   ● Fl✢hm✿rkt

A/a = ✿
E/e = ◆
I/i = ✧
O/o = ✢
U/u = ◎
Ä/ä = ✕
Ü/ü = ⊙

die _____

_____

_____

_____

2 Schreibe die Verben in der Personalform auf. Es ist ein zweiteiliges Verb dabei.

geben: es _____   kämpfen: sie (viele) _____

aufwachsen: wir _____

3 Setze die Verben aus Aufgabe 2 richtig in die Lückensätze ein.
Achtung: Ein Verb wird zweimal gebraucht.

Es _____ große Unterschiede, wie Kinder auf der Welt leben. Viele Kinder müssen

in Armut _____. In Europa _____ die meisten Kinder unter

guten Bedingungen _____. Viele Organisationen _____ für die Kinderrechte.

4 Welches Wort wird hier gesucht? Trage die Wörter ein.

aktiv   interessant   regelmäßig   genügend

Wenn sich etwas immer wiederholt, dann ist das _____.

Wenn man von etwas ausreichend viel hat, dann ist es _____.

Jemand, der immer viel tut, ist _____.

Etwas über die Kinder der Welt zu erfahren ist _____.

Sommer

1 Sieh dir die Bildausschnitte genau an.
An welche Stelle gehören sie in das Bild von Vincent van Gogh?

Vincent van Gogh: Mittagsrast

das Stoppelfeld

die Garbe

die Sicheln

das Pferdefuhrwerk

2 An welche Stelle des Bildes gehören die ausgeschnittenen Bildteile?
Male sie an die richtigen Stellen.

3 Schreibe Sätze zu dem Bild auf.

_____

_____

_____

_____

_____

_____

_____

Die Bildbetrachtung der Sprachbuchseite 70 sowie die Besprechung der Aufgaben 1 und 2 mit allen Kindern gemeinsam vorschalten.

Von Ereignissen berichten

1 Finde die Orts- und Zeitangaben im Text mit den Fragen wo und wann.
Unterstreiche die Informationen im Text und schreibe die Antwort auf.

> Durch die große Hitze und die lange Trockenheit im Sommer besteht in Deutschland die Gefahr von Waldbränden.

Wo besteht die Gefahr von Waldbränden? _____

Wann besteht die Gefahr von Waldbränden? _____

> Im Harz ist am Montag in der Nähe der Talsperre ein großer Waldbrand ausgebrochen.

Wo ist _____

_____

Wann ist _____

_____

> Am Abend hatten die Feuerwehr und freiwillige Helfer den Brand gestoppt.

Wann _____

_____

_____

2 Lies den Zeitungsartikel:
Unterstreiche die Ortsangaben orange und die Zeitangaben grün.

> Zweimal musste die Feuerwehr am Dienstag ausrücken.
> Im Bussardweg schlugen Flammen aus dem Keller
> eines Mehrfamilienhauses. Voller Sorge beobachteten
> die Anwohner die Löscharbeiten. Am Abend brannte es
> innerhalb eines Tages zum zweiten Mal, diesmal in
> der Kiefernstraße. Die Feuerwehr brachte die Anwohner
> in Sicherheit.

Geschichten zu Ende schreiben

Tim und Tina haben die Geschichte der Cherokee Indianer gelesen.
Sie haben überlegt, wie die Geschichte wohl zu Ende gehen könnte.
Hier sind die Geschichten von Tim und Tina durcheinander geraten.
Tina hat über die Schlange geschrieben, Tim über die Wasserspinne.

1 Ordne die Sätze den Kindern zu.

Tina	Als Nächstes versuchte es die Schlange.

Aus ihren Spinnfäden webte sie eine kleine Schüssel, die sie auf ihrem Rücken befestigte.

Sie hoffte, ein wenig Glut mitnehmen zu können, aber im Baum wurde es der Schlange zu heiß.

Tim	Als Nächstes versuchte es die kleine Wasserspinne.

Sie schwamm zur Insel und schlängelte sich vorsichtig durch das Gras zum brennenden Baum.

Sie lief über das Wasser zur Insel. Dort zog sie ein brennendes Stück Kohle aus dem Baum und legte es in ihre gewebte Schüssel.

Unten im Baum entdeckte sie ein kleines Loch und schlüpfte hinein.

Die kleine Schlange hatte Angst zu ersticken und schlüpfte schnell ins Freie.

Danach lief die kleine Spinne zurück an Land und brachte den Tieren das Feuer.

2 Wähle eine Geschichte aus und schreibe sie auf.

Den Text der Sprachbuchseite 72 zuvor mit allen Kindern gemeinsam lesen.
Einen Erzählfaden erkennen, passende Sätze richtig zusammenstellen
und so zu einer stimmigen Erzählung gelangen.

Wörter und Redewendungen

1 Wähle das passende Verb aus dem Wortfeld brennen aus und trage es in die Sätze ein.

Hell _flackert_ das Feuer in der Nacht.
züngelt/flackert

Das brennende Holz _____ laut.
glüht/knistert

Kleine Flammen _____ an den Zweigen entlang.
züngeln/qualmen

Große Flammen _____ hoch aus dem Lagerfeuer.
züngeln/lodern

Auf dem Grill _____ die Holzkohle.
glüht/lodert

HOLZ-KOHLE

2 Ordne jeder Redewendung die passende Erklärung zu. Verbinde.

Du spielst mit dem Feuer.	Ich vertraue dir voll und ganz.
Ich habe meine Mannschaft tüchtig angefeuert.	Sie war sehr ärgerlich und schaute mich böse an.
Ihre Augen sprühten Feuer.	Du machst eine gefährliche Sache.
Für dich lege ich meine Hand ins Feuer.	Ich habe meine Mannschaft mit lautem Rufen unterstützt und ihr Mut gemacht.

3 In jeder Reihe hat sich ein Wort eingeschlichen, das nicht zum Wortfeld gehört. Streiche es durch.

essen	futtern	naschen	speisen	~~einkaufen~~	verputzen	knabbern
gehen	laufen	rennen	bummeln	klettern	trödeln	spazieren
leuchten	funkeln	strahlen	glitzern	gießen	schimmern	scheinen
sehen	schauen	angucken	starren	beobachten	glotzen	schlafen
reden	rufen	schreien	flüstern	rennen	behaupten	erzählen

Strategien anwenden 3

1 Setze in die Lücken ä oder äu ein.
Beispiel:

○ Schilfbrände kommt von ● Schilfbrand.

○ Feuerwehrm___nner   ● Feuerwehrmann

gekl___rt   klar

○ Str___cher   ● Strauch

○ B___me   ● Baum

● N___he   nah

r___t   raten

2 Suche zu diesen Wörtern verwandte Wörter mit a oder au.
Bei der Suche hilft dir die Wörterliste.
Achtung, manchmal findest du Nomen und Verben.

fängt   fällt   fährt   läuft   schläft   länger   ernähren   aufräumen

die Kämme   kräftig   die Zäune   die Gläser   die Länder

fangen

3 Schreibe die Merkwörter auf und übermale gelb, was du dir merken musst.

● Feuerwehr   ● Baggersee   jetzt   ● Einsatz   ○ Löschfahrzeuge

---

● der Kommandant:
führt die Aufsicht und gibt Befehle
an die Feuerwehrleute

● das Schilf:
Pflanzen am Seeufer

● der Baggersee:
künstlich angelegter See,
der durch das Abtragen von
Sand und Kies als Baustoffe
entstanden ist

Rechtschreibhilfen für die Schreibung von Umlauten anwenden,
Mehrzahlbildung und Wortfamilien.

Hier üben wir

1 Setze die fehlenden Buchstaben ein.
Kontrolliere mit den Übungswörtern rechts.

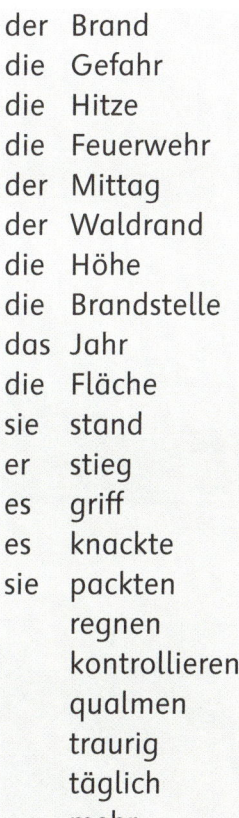

- Waldbran *d*   • Mi   ag   • Gef   r   • Hö   e
- Bran   ste   e   • Fl   che   • Bran   • Ja   r
- Feuerw   r   • Wal   ran   • Hi   e   me   r

der	Brand
die	Gefahr
die	Hitze
die	Feuerwehr
der	Mittag
der	Waldrand
die	Höhe
die	Brandstelle
das	Jahr
die	Fläche
sie	stand
er	stieg
es	griff
es	knackte
sie	packten
	regnen
	kontrollieren
	qualmen
	traurig
	täglich
	mehr

2 Schreibe die passende Vergangenheitsformen dazu.

sie steht   sie _____   es regnet   es _____

er steigt   er _____   es knackt   es _____

es greift   es _____   sie packen   sie _____

3 Suche zu den Nomen die verwandten Wörter
aus der Lernwörterleiste.

- der Regen   _____

- die Kontrolle   _____

- der Qualm   _____

- die Trauer   _____

- der Tag   _____

4 Lies den Übungstext im Sprachbuch auf Seite 75.
Beantworte diese Fragen. Antworte im ganzen Satz.

1. Wann gab es Feueralarm?

_____

2. Wo stand die Böschung in Flammen?

_____

3. Wann war der Brand gelöscht?

_____

Ich liebe Bücher

1 Welcher Text passt zu welchem Buch? Verbinde.

Alma Kamille hat Lust auf Kartoffeln.
Doch die aus ihrem Garten sind ihr zu mickrig.
Natürlich kennt Alma einen tollen Hexenspruch,
um die Kartoffeln größer zu machen.
Aber was ist das? Alma ist plötzlich winzig klein!
Gegen dieses Hexenpech helfen nur Katzenhaare.
Doch wo kriegt Alma die jetzt so schnell her?

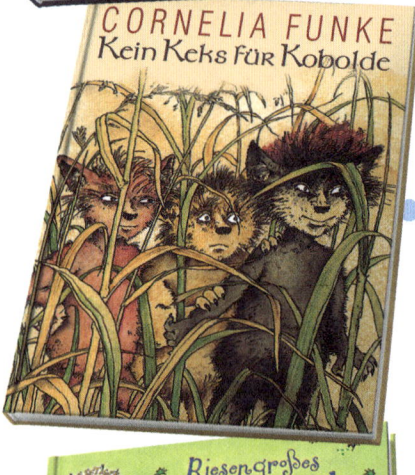

Philipp kann nicht glauben, was er sieht:
Ein weißer Ritter und ein Drache springen
aus einem Buch und jagen sich quer durch
sein Zimmer! Zum Wundern bleibt Philipp
keine Zeit, denn auf einmal ist er selbst
der Gejagte! Wie aber kämpft man gegen
einen gemeinen Ritter, wenn man plötzlich
nur noch daumengroß ist?
Philipp muss sich schnell etwas einfallen lassen,
um sein Leben zu retten …

Für die drei kleinen Kobolde Neunauge,
Feuerkopf und Siebenpunkt kommt der Winter
früher als erwartet. Wo sollen sie jetzt ihre
geliebten Ravioli, Äpfel und Kekse herkriegen?
Um nicht zu verhungern, müssen sie sich in
allerlei Abenteuer stürzen.
Als sie sich dann noch mit dem „weißen Kobold"
anlegen, wird die Lage richtig brenzlig …

2 Welches Buch würdest du gerne lesen? Schreibe es auf und begründe es.

Die Bildbetrachtung der Sprachbuchseite 76 sowie die Besprechung der Aufgaben 1 und 2
mit allen Kindern gemeinsam vorschalten.

Zusammenfassungen

1 Fülle das Kärtchen zu dem Buch aus.

Titel: _____

Autorin: _____

Illustrationen: _____

Verlag: _____

Cornelia Funke

Hinter verzauberten
Fenstern

Eine geheimnisvolle
Adventsgeschichte

Mit Bildern der Autorin

2 Welche Zusammenfassung macht dich neugieriger auf das Buch? Kreuze an und begründe es.

Julia will keinen Weihnachtskalender aus Papier. Darum will sie den Kalender von ihrem Bruder. Doch dann öffnet sie doch das Türchen.
Dann trifft sie sich mit Jakobus und dann rettet sie den Prinzen und die Häuser.

Das Buch handelt von Julia, die zum Advent einen Papieradventskalender geschenkt bekommt. Eigentlich hätte sie viel lieber einen Schokoladenkalender, so wie ihr kleiner Bruder Olli.
Auf dem Adventskalender ist ein Haus abgebildet und die Kalendertürchen sind die Fenster des Hauses. Als Julia das erste Türchen öffnet, erlebt sie eine riesengroße Überraschung: Sie stellt fest, dass sie die Bewohner des Hauses besuchen kann! Dort trifft sie auf den Erfinder Jakobus Jammernich. Zusammen mit ihm versucht sie, die Welt der Kalenderhäuser zu retten. Mir hat das Buch sehr gut gefallen.

_____

_____

_____

_____

Die Erstellung von Lesekärtchen anhand der Sprachbuchseite 77
zuvor im Klassenverband besprechen.

77

Einen Textabschnitt wählen

1 Tina, Tom und Marie lesen aus ihrem Lieblingsbuch vor.
Lies die Textabschnitte. Entscheide dich und schreibe auf:
Welcher Abschnitt macht dich neugierig auf das Buch?
Begründe deine Wahl.

> Und jetzt hörte man plötzlich das Klappern von Hufen und das Klirren von Eisen.
> Der Drache zuckte zusammen.
> „Er kommt!", flüsterte er entsetzt.
> „Er hat meine Spur. Ich muss mich verstecken. Aber wo? Wo?"

> „Von so etwas habe ich schon gehört. Verschwindet das Mondlicht, verschwindet auch der Zauber."
> „Na, schön wär's!", seufzte Philipp.
> „Es ist ziemlich gefährlich, so ein Zwerg zu sein. Kannst du sehen, was dieser blöde Blechkopf da draußen treibt?"

> Er stieg die Treppe hinauf, die auf die Mauer führte und lugte über die Zinnen. „Ich seh ihn!", raunte er. „Er ist vom Pferd gestiegen und stöbert in meinem Spielzeug. Was hat er vor?"

Alle Kinder haben aus dem Buch *Der Mondscheindrache* von Cornelia Funke vorgelesen.

Mit allen Kindern gemeinsam Kriterien für die Auswahl eines Textabschnittes besprechen, der die Zuhörer neugierig machen soll.

Ein Buch vorstellen

1 Wie planst du eine Buchvorstellung?
Bringe die Sätze in die richtige Reihenfolge.

1 Zu Beginn wähle ich ein Buch aus.

Am Ende kann ich mit dem Material
zu meinem Buch ein Plakat gestalten.

Später wähle ich einen Textausschnitt
aus und übe, ihn gut vorzulesen.

Ich fasse die Angaben zu meinem Buch
auf einem Kärtchen zusammen.

Zum Schluss stelle ich mein Buch den anderen vor
und sage, wie mir das Buch gefallen hat.

Zuhause schaue ich nach, ob es Sachen gibt, die
zu dem Buch passen und die ich mitbringen kann.

Ich male ein großes passendes Bild
zu meinem Lieblingsbuch.

Titel: Der Mondscheindrache
Autorin: Cornelia Funke
Illustration: Cornelia Funke
Verlag: Loewe

Die Geschichte handelt von Philipp, der abends in
einem Buch über Drachen und Ritter liest. Plötzlich
rennen die winzigen Figuren aus dem Buch durch
sein Zimmer. Als der Weiße Ritter Philipp mit
seiner Lanze ins Bein sticht, schrumpft Philipp.
Gemeinsam mit dem Drachen gelingt es ihm,
den Weißen Ritter zu besiegen und in das Buch
zurückzujagen.

4. Jo-Jo-Test

Fragen zu einem Text beantworten

1 Lies den Text und die Fragen. Unterstreiche zuerst die Antworten im Text.
Beantworte die Fragen dann in ganzen Sätzen

Jan, Henning und Christian haben sich zum Angeln am See getroffen.
„Heute beißen die Fische gut", sagt Jan, „ich habe schon drei gefangen."
„Oh prima!", freut sich Christian, „dann lass uns die Fische grillen."
Während Jan weiter angelt, sammeln Henning und Christian Äste.
Auf einer Wiese gleich neben ihrer Bretterbude zünden sie
ein Lagerfeuer an. Danach gehen Christian und Henning
zum See, um Jan zu holen, und lassen das Feuer unbewacht.
Als die drei Jungen zurückkommen, ist das Feuer riesengroß.
Eine Wand der Bretterbude brennt schon.
„Das können wir nicht alleine löschen!", ruft Christian.
Schnell laufen sie los, um Hilfe zu holen.

Welcher der drei Angler war schon erfolgreich?

_____

Die Jungen wollen grillen. Wer übernimmt welche Aufgabe?

_____

_____

Warum kann sich das Feuer ausbreiten.?

_____

Adjektive bilden

2 Verwandele die Nomen mit Hilfe der Wortbausteine in Adjektive. Schreibe sie auf.

-ig	-lich	-los
● Sonne – _____	● Beruf – _____	● Erfolg – _____
● Vorsicht – _____	● Ärger – _____	● Furcht – _____
● Wind – _____	● Glück – _____	● Zahn – _____
● Durst – _____	● Frieden – _____	● Fehler – _____

Fragen zum Inhalt eines Textes beantworten. Die Fragen und Antworten können ggf.
auch ins Heft abgeschrieben werden. Aus Nomen mit Wortbausteinen Adjektive bilden.

Wörter richtig schreiben

3 Setze die passenden Wörter in die Lücken ein. Male ß gelb an.

○ Fußballschuhe   groß   heiße   begrüßen   weiß

außen   ● Anstoß   ● Fußballspiel   fleißig   schießen

Ich _____ Tim.

Heute ist mein erstes _____.

Ich habe _____ trainiert.

Meine _____ sind neu.

Mein Trikot ist _____. Ich möchte gern

ein Tor _____. Ich spiele rechts _____.

Wir _____ den Gegner. Meine Aufregung

ist _____. Der Schiedsrichter ruft zum _____.

4 Setze die fehlenden Buchstaben in die Lückenwörter ein.
Prüfe vorher: Findest du ein verwandtes Wort mit A/a oder Au/au?
Schreibe es dazu.

Ä/ä oder E/e?

 ● ___rmel _____

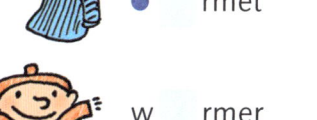 w___rmer _____

 ● F___hler _____

 ● G___rtner _____

 gef___hrlich _____

 ● T___lefon _____

Äu/äu oder Eu/eu?

 ○ H___ser _____

 ● F___er _____

 ● K___fer _____

 ● L___fer _____

 ● Kr___z _____

 h___len _____

Wörter mit ß richtig schreiben, Ableitungen zu Wörtern mit Umlauten finden.

Wörterliste

A/a

der   Aal, die Aale
der   Abend, die Abende
      abends
der   Abfall, die Abfälle
      achten, er achtete
der   Acker, die Äcker
das   Adjektiv, die Adjektive
      ähnlich
      aktiv
      alle
      allein
      alt
      andere
      ändern, sie änderte
der   Anfang, die Anfänge
      anfangen, er fing an
die   Angst, die Ängste
      ängstlich
der   Anschluss, die Anschlüsse
die   Antwort, die Antworten
      antworten, sie antwortete
der   Apfel, die Äpfel
der   April
die   Arbeit, die Arbeiten
      arbeiten, er arbeitete
der   Ärger
      ärgern, sie ärgerte
der   Arzt, die Ärzte
die   Ärztin, die Ärztinnen
der   Ast, die Äste
      aufführen, er führte auf
      aufpassen, sie passte auf
      aufwachsen, sie wuchs auf
der   August
      ausdrucken, er druckte aus
      auseinander
      ausreißen, sie riss aus
      außen
      außer
die   Ausstellung, die Ausstellungen
das   Auto, die Autos

B/b

      backen, sie backte
das   Bad, die Bäder
      baden, er badete
die   Bahn, die Bahnen
      bald
der   Ball, die Bälle
das   Band, die Bänder
die   Bank, die Bänke
      barfuß
      basteln, sie bastelte
      bauen, sie baute
der   Bauer, die Bauern
der   Baum, die Bäume

der   Baumstamm, die Baumstämme
das   Becken, die Becken
      bedeuten, es bedeutete
      bedrohen, es bedrohte
die   Beere, die Beeren
das   Beet, die Beete
      befreien, sie befreite
      begegnen, sie begegnete
      beginnen, er begann
      beide
      beinahe
das   Beispiel, die Beispiele
      beißen, er biss
      bekannt
      beleidigen, sie beleidigte
      benutzen, er benutzte
      beobachten, sie beobachtete
der   Berg, die Berge
      bereit
      bereiten, er bereitete
der   Bericht, die Berichte
      berichten, sie berichtete
der   Beruf, die Berufe
      berühmt
      besonders
      besorgen, sie besorgt
      besser
am   besten
      bestimmen, sie bestimmte
der   Besuch, die Besuche
      besuchen, er besuchte
      betrachten, sie betrachtete
das   Bett, die Betten
      bewegen, sie bewegte
      biegen, sie bog
das   Bild, die Bilder
      billig
      bisschen
      bitten, sie bat
      blasen, er blies
das   Blatt, die Blätter
      blau
      bleiben, er blieb
      blicken, sie blickte
der   Blitz, die Blitze
      blitzen, es blitzt
      bloß
      blühen, sie blüht
die   Blume, die Blumen
die   Blüte, die Blüten
der   Boden, die Böden
      bohren, er bohrte
das   Boot, die Boote
      böse
der   Brand, die Brände
die   Brandstelle, die Brandstellen
      brauchen, sie brauchte
      braun
      brav
      brechen, er bricht, er brach, gebrochen
      breit
      bremsen, sie bremste

      brennen, es brannte
das   Brett, die Bretter
der   Brief, die Briefe
die   Brille, die Brillen
      bringen, er brachte
das   Brot, die Brote
die   Brücke, die Brücken
der   Bruder, die Brüder
      brummen, sie brummte
das   Buch, die Bücher
die   Büchse, die Büchsen
      bücken, er bückte sich
die   Bühne, die Bühnen
das   Bühnenbild, die Bühnenbilder
      bummeln, sie bummelte
      bunt
die   Burg, die Burgen
der   Bus, die Busse
die   Butter

C/c

      chatten, sie chattete
der   Computer, die Computer

D/d

die   Dämmerung
      danken, sie dankte
      dann
      darauf
      daraus
      darüber
      darum
      davon
      decken, er deckte
      denken, sie dachte
      denn
      deshalb
      deutlich
      deutsch
      Deutschland
der   Dezember
      dicht
      dick
      dienen, er diente
der   Dienst, die Dienste
der   Dienstag, die Dienstage
      dir
      doppelt
      donnern, es donnerte
der   Donnerstag, die Donnerstage
      dort
      drängeln, sie drängelte
      draußen
      dreckig
      drehen, er drehte
      drei
      dreißig
      drohen, sie drohte
      drucken, er druckte

dumm
dunkel
dünn
durch
dürfen, er darf, er durfte
der Durst

E/e

die Ecke, die Ecken
ehrlich
eifrig
eigene
einige
einmal
der Einwohner, die Einwohner
einzeln
das Eis
elektrisch
die Eltern
empfangen, er empfing
empfinden, sie empfand
das Ende, die Enden
endlich
eng
entdecken, sie entdeckte
entgegen
entlang
entschuldigen, er entschuldigte
entstehen, es entstand
die Erde
ergänzen, sie ergänzte
das Ergebnis, die Ergebnisse
erinnern, er erinnerte
erklären, er erklärte
die Erlaubnis
das Erlebnis, die Erlebnisse
ernähren, sie ernährte
ernst
die Ernte, die Ernten
ernten, er erntete
erschrecken, sie erschrickt,
sie erschrak, erschrocken
erste
erzählen, sie erzählte
essen, er isst, er aß
etwas
euch
euer

F/f

die Fabrik, die Fabriken
fahren, sie fuhr
das Fahrrad, die Fahrräder
die Fahrt, die Fahrten
fallen, er fiel
falsch
die Familie, die Familien
fangen, sie fing
das Fass, die Fässer

fassen, er fasste
der Februar
fehlen, sie fehlte
der Fehler, die Fehler
die Feier, die Feiern
feiern, er feierte
der Feind, die Feinde
das Feld, die Felder
das Fenster, die Fenster
die Ferien
fernsehen, er sah fern
fertig
fest
das Fest, die Feste
fett
feucht
das Feuer, die Feuer
die Feuerwehr, die Feuerwehren
finden, er fand
der Fisch, die Fische
flach
die Fläche, die Flächen
die Flamme, die Flammen
die Flasche, die Flaschen
die Fledermaus, die Fledermäuse
das Fleisch
der Fleiß
fleißig
fliegen, sie flog
fliehen, er floh
fließen, es floss
der Flohmarkt, die Flohmärkte
der Fluss, die Flüsse
flüssig
das Fohlen, die Fohlen
fort
forschen, sie forschte
fragen, er fragte
die Frau, die Frauen
der Freitag, die Freitage
fremd
fressen, es fraß
freuen, sie freute sich
der Freund, die Freunde
die Freundin, die Freundinnen
freundlich
der Frieden
frieren, er fror
frisch
froh
fröhlich
der Frosch, die Frösche
früh
der Frühling
fühlen, sie fühlte
füllen, er füllte
die Furcht
furchten, er fürchtete
der Fuß, die Füße
das Futter
füttern, sie fütterte

G/g

ganz
der Garten, die Gärten
das Gebäude, die Gebäude
geben, er gibt, er gab
geboren
der Geburtstag, die Geburtstage
gefallen, er gefällt, er gefiel
die Gefahr, die Gefahren
gefährlich
das Gefäß, die Gefäße
das Geheimnis, die Geheimnisse
gehen, sie ging
geizig
gelb
das Geld, die Gelder
gelingen, es gelang
gemeinsam
das Gemüse
genau
genug
genügend
das Gerät, die Geräte
gern
das Geschenk, die Geschenke
das Gesicht, die Gesichter
gestern
gesund
das Getreide
gewinnen, er gewann
das Gewitter, die Gewitter
gießen, es goss
glänzen, sie glänzte
das Glas, die Gläser
glatt
glauben, er glaubte
gleich
das Glück
glücklich
glühen, es glühte
graben, sie grub
das Gras, die Gräser
gratulieren, er gratulierte
greifen, sie griff
die Grenze, die Grenzen
der Griff, die Griffe
groß
grün
der Grund, die Gründe
die Gruppe, die Gruppen
der Gruß, die Grüße
grüßen, sie grüßte
gucken, er guckte
die Gurke, die Gurken
gut

H/h

das Haar, die Haare
haben, er hatte
der Haken, die Haken
die Halle, die Hallen

halten, sie hielt
handeln, er handelte
hängen, es hing
hart
häufig
der Hauptdarsteller,
die Hauptdarsteller
das Haus, die Häuser
die Haut, die Häute
heben, sie hob
das Heft, die Hefte
heiß
heißen, er hieß
die Heizung, die Heizungen
helfen, sie hilft, sie half
hell
heraus
der Herbst
herein
der Herr, die Herren
herrlich
das Herz, die Herzen
hetzen, sie hetzte
das Heu
heulen, er heulte
heute
hier
die Hilfe, die Hilfen
der Himmel
hinaus
hinein
die Hitze
das Hobby, die Hobbys
hoch, höher, höchste
der Hochstand, die Hochstände
der Hof, die Höfe
hoffen, sie hoffte
hoffentlich
die Höhe, die Höhen
hohl
die Höhle, die Höhlen
holen, er holte
das Holz, die Hölzer
hören, er hörte
die Hose, die Hosen
die Hülle, die Hüllen
der Hund, die Hunde
der Hunger
hüpfen, sie hüpfte
die Hütte, die Hütten

I/i

die Idee, die Ideen
der Igel, die Igel
ihm
ihn
ihnen
ihr
immer
impfen, er impfte
die Information, die Informationen

ins
interessant

J/j

die Jacke, die Jacken
jagen, er jagte
der Jäger, die Jäger
das Jahr, die Jahre
jährlich
der Januar
jeder
jetzt
der Juli
der Junge, die Jungen
der Juni

K/k

der Kaffee
kahl
kalt
die Kälte
sie kam
der Kamm, die Kämme
kämmen, sie kämmte
die Kammer, die Kammern
der Kampf, die Kämpfe
kämpfen, er kämpfte
die Kanne, die Kannen
kaputt
die Karte, die Karten
die Kartoffel, die Kartoffeln
die Katze, die Katzen
kaufen, er kaufte
kehren, sie kehrte
kein
kennen, er kannte
die Kerze, die Kerzen
die Kette, die Ketten
der Kilometer, die Kilometer
das Kind, die Kinder
der Kiosk, die Kioske
kippen, es kippte
die Klappe, die Klappen
klappen, es klappte
klar
die Klasse, die Klassen
klatschen, sie klatschte
kleben, er klebte
der Klee
das Kleid, die Kleider
das Kleidungsstück, die
Kleidungsstücke
klein
klettern, er kletterte
klopfen, sie klopfte
knacken, es knackte
knallen, sie knallte
knicken, er knickte
knistern, es knisterte

der Knochen, die Knochen
der Koffer, die Koffer
kommen, sie kam
können, er konnte
kontrollieren, sie kontrollierte
der Kopf, die Köpfe
der Korb, die Körbe
krabbeln, es krabbelte
die Kraft, die Kräfte
kräftig
krank
der Kranz, die Kränze
der Kreis, die Kreise
kriechen, er kroch
der Krieg, die Kriege
krumm
die Küche, die Küchen
der Kuchen, die Kuchen
kühl
kümmern, sie kümmerte sich
kurz

L/l

lachen, er lachte
die Lampe, die Lampen
das Land, die Länder
lang
langsam
der Lärm
lassen, sie ließ
das Laub
der Laubfrosch, die Laubfrösche
laufen, er lief
laut
leben, sie lebte
das Leben
lecken, er leckte
leer
legen, er legte
der Lehrer, die Lehrer
die Lehrerin, die Lehrerinnen
leicht
leiden, er litt
lenken, sie lenkte
lernen, er lernte
lesen, sie las
letzte
leuchten, es leuchtete
die Leute
das Lexikon, die Lexika
das Licht, die Lichter
lieben, sie liebte
das Lied, die Lieder
liegen, er lag
das Lineal, die Lineale
die Linie, die Linien
links
die Liste, die Listen
das Loch, die Löcher
locker
der Löffel, die Löffel

der Lohn, die Löhne
löschen, er löschte
lösen, sie löste
die Luft, die Lüfte
lügen, er log
lustig

M/m

machen, sie machte
das Mädchen, die Mädchen
mahlen, sie mahlte
der Mai
mailen, sie mailte
malen, er malte
man
manche
manchmal
der Mann, die Männer
die Mannschaft,
die Mannschaften
der Markt, die Märkte
der März
die Maschine, die Maschinen
das Maß, die Maße
das Meer, die Meere
das Mehl
mehr
am meisten
meistens
melden, sie meldete
die Menge, die Mengen
der Mensch, die Menschen
messen, sie misst, sie maß
das Messer, die Messer
die Miete, die Mieten
mieten, er mietete
die Milch
mild
die Minute, die Minuten
mir
miteinander
der Mittag, die Mittage
mittags
die Mitte
der Mittwoch, die Mittwoche
er möchte
der Monat, die Monate
der Montag, die Montage
das Moor, die Moore
das Moos, die Moose
morgen
der Morgen, die Morgen
morgens
der Motor, die Motoren
müde
die Muhe, die Muhen
die Mühle, die Mühlen
die Musik
müssen, er musste
der Mut
mutig

die Mutter, die Mütter
die Mütze, die Mützen

N/n

nächste
nachts
nackt
nah
die Nähe
nähen, sie nähte
die Nahrung
der Name, die Namen
nämlich
die Nase, die Nasen
nass
die Natur
natürlich
neben
nehmen, er nimmt, er nahm
nennen, sie nannte
nett
neu
neugierig
das Netz, die Netze
nicht
nichts
niedlich
niedrig
niemals
niemand
der Nordpol
die Not, die Nöte
der November
die Nuss, die Nüsse
nutzen, er nutzte
nützlich

O/o

oben
das Obst
offen
öffnen, er öffnete
ohne
das Ohr, die Ohren
der Oktober
der Onkel, die Onkel
ordentlich
ordnen, sie ordnete
die Ordnung
die Organisation,
die Organisationen
organisieren, er organisierte
der Ort, die Orte

P/p

das Paar, die Paare
paar

das Päckchen, die Päckchen
packen, sie packte
das Paket, die Pakete
das Papier, die Papiere
der Park, die Parks
parken, er parkte
passen, es passte
der Patient, die Patienten
die Pause, die Pausen
die Perücke, die Perücken
pfeifen, sie pfiff
das Pferd, die Pferde
die Pflanze, die Pflanzen
pflanzen, er pflanzte
pflegen, er pflegte
pflücken, sie pflückte
die Pfütze, die Pfützen
der Pilz, die Pilze
das Plakat, die Plakate
der Plan, die Pläne
planen, sie plante
der Platz, die Plätze
plötzlich
der Polizist, die Polizisten
pressen, er presste
prima
die Probe, die Proben
probieren, sie probierte
das Produkt, die Produkte
das Programm, die Programme
die Prüfung, die Prüfungen
die Prügelstrafe, die Prügelstrafen
der Pullover, die Pullover
der Punkt, die Punkte
pünktlich
die Puppe, die Puppen
putzen, er putzte

Qu/qu

quälen, sie quälte
der Qualm
qualmen, es qualmte
quaken, er quakte
der Quark
die Quelle, die Quellen
quer

R/r

das Rad, die Räder
die Radtour, die Radtouren
der Rauch
der Raum, die Räume
rechnen, sie rechnete
das Recht, die Rechte
rechts
reden, er redete
die Regel, die Regeln
regelmäßig
der Regen

regnen, es regnete
reich
die Reihe, die Reihen
die Reise, die Reisen
reisen, er reiste
reißen, sie riss
rennen, er rannte
der Rest, die Reste
retten, sie rettete
richtig
riechen, er roch
der Ring, die Ringe
der Riss, die Risse
rollen, es rollte
der Roller, die Roller
rot
rücken, sie rückte
der Rücken, die Rücken
der Rückweg, die Rückwege
rufen, sie rief
die Ruhe
ruhen, er ruhte
ruhig
rühren, sie rührte
rund

S/s

der Saal, die Säle
die Saat, die Saaten
die Sachen
der Sack, die Säcke
sagen, sie sagte
sie sah
das Salz, die Salze
der Samen, die Samen
sammeln, er sammelte
der Sand, die Sande
satt
der Satz, die Sätze
sauber
der Schaden, die Schäden
schädlich
schaffen, er schaffte
die Schale, die Schalen
schälen, er schälte
scharf
der Schatz, die Schätze
scheinen, sie schien
schenken, er schenkte
scheu
die Schicht, die Schichten
schicken, sie schickte
schieben, er schob
schief
schießen, sie schoss
das Schiff, die Schiffe
das Schild, die Schilder
schlafen, er schlief
schlagen, sie schlug
schlecht
schließen, er schloss

schlimm
schlüpfen, sie schlüpfte
der Schluss, die Schlüsse
schmecken, es schmeckte
der Schmerz,
    die Schmerzen
schmerzen, es schmerzte
schmücken, er schmückte
der Schmutz
schmutzig
der Schnee
der Schneesturm, die
    Schneestürme
schnell
schön
schräg
der Schrank, die Schränke
der Schreck
schreiben, sie schrieb
schreien, er schrie
die Schrift, die Schriften
der Schuh, die Schuhe
die Schule, die Schulen
die Schüssel, die Schüsseln
der Schutz
schützen, sie schützte
schwarz
schwer
die Schwester, die Schwestern
schwierig
schwimmen, er schwamm
schwitzen, sie schwitzte
der See, die Seen
sehen, sie sah
sehr
ihr seid
seit
selbst
die Selbstverständlichkeit,
    die Selbstverständlichkeiten
selten
senden, sie sandte
der September
setzen, er setzte
sieben, siebte
siegen, sie siegte
der Sieger, die Sieger
singen, er sang
sinken, es sank
sitzen, sie saß
der Sitzplatz, die Sitzplätze
der Ski, die Skier
der Sohn, die Söhne
der Sommer, die Sommer
der Sonnabend, die Sonnabende
die Sonne, die Sonnen
der Sonntag, die Sonntage
sorgen, er sorgte
spannend
sparen, sie sparte
der Spaß, die Späße
spät
spazieren, er spazierte

der Speck
spenden, sie spendete
das Spiel, die Spiele
spielen, er spielte
spitz
der Sport
die Sprache, die Sprachen
sprechen, er sprach
springen, sie sprang
spritzen, es spritzte
der Spruch, die Sprüche
sprühen, er sprühte
die Spur, die Spuren
spüren, er spürte
der Staat, die Staaten
staatlich
die Stadt, die Städte
der Stamm, die Stämme
stark
der Start, die Starts
starten, sie startete
der Staub
staubig
staunen, er staunte
stecken, er steckte
stehen, sie stand
stehlen, er stiehlt, er stahl
steigen, sie stieg
der Stein, die Steine
die Stelle, die Stellen
stellen, er stellte
der Stern, die Sterne
sie stieß
der Stift, die Stifte
still
die Stimme, die Stimmen
stimmen, sie stimmte
der Stock, die Stöcke
der Stoff, die Stoffe
stolz
stören, sie störte
stoßen, sie stieß
strahlen, er strahlte
die Straße, die Straßen
der Strauch, die Sträucher
der Strauß, die Sträuße
die Strecke, die Strecken
der Streit, die Streits
streiten, sie stritt
streuen, er streute
das Stück, die Stücke
die Stunde, die Stunden
der Sturm, die Stürme
stürmen, es stürmte
stürzen, er stürzte
stützen, sie stützte
suchen, sie suchte
der Südpol
die Suppe, die Suppen
surfen, er surfte
süß

T/t

die Tafel, die Tafeln
der Tag, die Tage
    täglich
die Tante, die Tanten
    tanzen, sie tanzte
    tapfer
die Tasche, die Taschen
die Tasse, die Tassen
    tausend
das Taxi, die Taxis
der Tee
der Teer
der Teich, die Teiche
das Telefon, die Telefone
    telefonieren, sie telefonierte
der Teller, die Teller
    teuer
der Text, die Texte
das Theater, die Theater
das Thema, die Themen
    tief
das Tier, die Tiere
der Tisch, die Tische
die Torte, die Torten
    tragen, er trägt, er trug
    traurig
    treffen, er traf
    trennen, sie trennte
    treten, er tritt, er trat
    trinken, sie trank
    trocken
    tropfen, es tropfte
    trotzdem
    trüb
das Tuch, die Tücher
die Tür, die Türen
    turnen, er turnte
das Turnier, die Turniere
die Tüte, die Tüten

U/u

    üben, sie übte
    über
    überall
    überraschen, er überraschte
    übrig
die Übung, die Übungen
    und
der Unfall, die Unfälle
    ungefähr
das Unglück, die Unglücke
    unten
    unter
der Unterricht
    unterscheiden, sie unterschied
der Unterschied, die Unterschiede

V/v

der Vater, die Väter
    verabschieden,
    sie verabschiedete sich
der Verband, die Verbände
    verbieten, er verbot
    verdienen, er verdiente
    vergessen, sie vergisst,
    sie vergaß
der Verkehr
    verletzen, er verletzte
    verlieren, er verlor
    verraten, sie verrät, sie verriet
    versäumen, er versäumte
das Versteck, die Verstecke
    verstecken, sie versteckte
das Vieh
    viel, viele
    vielleicht
    vier
der Vogel, die Vögel
das Volk, die Völker
    voll
    vom
    von
    voneinander
    vor
    vorbei
der Vorrat, die Vorräte
die Vorsicht
    vorsichtig
    vorwärts

W/w

die Waage, die Waagen
    waagerecht
    wachsen, es wuchs
die Wahl, die Wahlen
    wählen, er wählte
    wahr
    während
die Wahrheit
der Wald, die Wälder
der Waldbrand,
    die Waldbrände
die Wand, die Wände
es war
    warm
    waschen, er wusch
das Wasser
    wechseln, sie wechselte
    wecken, sie weckte
der Weg, die Wege
    wegnehmen, er nahm weg
    wehen, sie wehte
    weich
das Weihnachten
    weiß
    weit
    weiter
    welche

die Welt, die Welten
    wenn
    werben, er wirbt, er warb
die Werbung
    werden, sie wird, sie wurde
    werfen, er wirft, er warf
die Wette, die Wetten
    wetten, sie wettete
das Wetter
der Wettlauf, die Wettläufe
    wichtig
    wieder
    wiegen, er wog
die Wiese, die Wiesen
    wild
der Wind, die Winde
der Winter, die Winter
    wir
    wirken, es wirkte
    wirklich
    wissen, er weiß, er wusste
die Woche, die Wochen
    wohl
    wohnen, sie wohnte
die Wohnung, die Wohnungen
die Wolke, die Wolken
    wollen, sie will, sie wollte
das Wort, die Wörter
der Wunsch, die Wünsche
    wünschen, er wünschte
die Wurst, die Würste
die Wurzel, die Wurzeln
die Wut
    wütend

Z/z

die Zahl, die Zahlen
    zählen, sie zählte
der Zaun, die Zäune
das Zeichen, die Zeichen
    zeichnen, er zeichnete
    zeigen, er zeigte
die Zeit, die Zeiten
der Zettel, die Zettel
    ziehen, sie zog
das Ziel, die Ziele
    zielen, er zielte
    ziemlich
    zierlich
das Zimmer, die Zimmer
    zittern, sie zitterte
der Zoo, die Zoos
    zuerst
der Zug, die Züge
    zuletzt
    zurück
    zurückkehren, er kehrte zurück
    zusammen
    zuständig
der Zweig, die Zweige
    zwingen, er zwang

Zur Konzeption des Jo-Jo Sprachförderhefts

Das Jo-Jo Sprachförderheft ist eng auf die Themen-kapitel des Jo-Jo Sprachbuchs abgestimmt. Jeder Sprachbuchseite der zwölf Themenkapitel ist eine Seite im Förderheft zugeordnet: Seite 4 im Förderheft entspricht Seite 4 im Sprachbuch usw.

Im Jo-Jo Sprachförderheft werden die wichtigsten Inhalte und Aufgaben der Sprachbuchseiten vereinfacht aufbereitet. Dabei werden besonders auch solche Aspekte berücksichtigt, die für den **Zweitspracherwerb** relevant sind, z.B.:
– Der Wortschatz der Sprachbuchseiten wird durch Illustrationen verdeutlicht.
– Nomen erscheinen stets mit farbig gekennzeichnetem Artikel.
– Vorgaben von Satzmustern erleichtern und üben die Bildung korrekter grammatischer Strukturen.
– Wiederkehrende Übungsformate fördern das selbstständige Arbeiten.
– Aufgabenformulierungen bleiben bei gleicher Aufgabenstellung auch sprachlich gleich.
– Jo-Jo-Aufgaben bieten Differenzierungsangebote für fortgeschrittene Kinder.

Die Einführung in die Thematik der einzelnen Sprachbuchseiten findet immer gemeinsam mit allen Kindern statt. Diese Vorbereitung ist Voraussetzung für die weitgehend selbstständige Bearbeitung der Sprachförderheftseiten.

Auf zahlreichen Seiten des Sprachförderhefts wird in der Wort-Bild-Leiste der lexikalische Bereich der entsprechenden Sprachbuchseite geklärt. Das dort enthaltene Wortmaterial wird im Sprach-förderheft an anderen Stellen wiederholt, sodass eine Festigung des Wortschatzes möglich wird.

Analog zum Sprachbuch werden auf verschiedenen Sprachförderheftseiten (vereinfachte) Jo-Jo-Auf-gaben zur Differenzierung angeboten.

Kapitelauftaktseiten: Im Unterrichtsgespräch über die Auftaktseiten lernen die Kinder das Thema des Kapitels und den schwerpunktmäßig benötig-ten Wortschatz kennen. Die entsprechende Sprach-förderheftseite greift Bildausschnitte aus der Sprachbuchseite auf und arbeitet in vereinfachter Form am Bildinhalt. Dabei werden insbesondere Satzmuster zur Bildbeschreibung und das Ant-worten in vollständigen Sätzen geübt.

Hier üben wir: Auf diesen Seiten werden die Kinder mit dem Übungstext im Sprachbuch vertraut. Zum Verständnis des Inhalts wird der Sprachbuchtext durch Bildmaterial unterstützt. Vereinfachte Sätze sollen den Bildern zugeordnet und abgeschrieben werden, so dass mehrfach mit dem Wortmaterial gearbeitet wird. Durch das Abschreiben ergibt sich ein vereinfachter kurzer Text, passend zum Übungs-text im Sprachbuch, der einen großen Teil des dortigen Übungswortschatzes enthält.

Jo-Jo Testseiten: Es wurde bewusst darauf geachtet, den Testcharakter deutlich zu erhalten. Auch hier wird das semantische Verständnis durch Bilder unterstützt. Gegenüber den Sprachbuch-Testseiten wurde der Textumfang verringert, die Aufgaben, Sätze und der inhaltliche Anspruch vereinfacht. So erhalten auch die Kinder, die mit dem Sprach-förderheft arbeiten, die Möglichkeit zu zeigen, was sie in den einzelnen Kapiteln an Lernzuwachs erworben haben.

Das Sprachförderheft ist für den **unterrichts-begleitenden Einsatz** konzipiert. Es kann nach der gemeinsamen Einführung in das Thema der Sprachbuchseite als Alternativangebot zu den Sprachbuchaufgaben eingesetzt werden. Während ein Teil der Kinder die Übungen im Sprachbuch bearbeitet, können andere Kinder im Sprachförder-heft bei annähernd gleicher Zielsetzung selbststän-dig an den sprachlich und inhaltlich aufbereiteten Aufgaben arbeiten. So werden diese Kinder durch das Sprachförderheft nicht noch mit zusätzlichen Arbeitszeiten belastet. Die Übungen sind so ange-legt, dass der damit verbundene Zeitaufwand in etwa der Bearbeitung der Sprachbuchaufgaben entspricht.

Je nach Leistungsvermögen der Kinder können einzelne Sprachbuchaufgaben im Anschluss an die Arbeit im Sprachförderheft ebenfalls bearbeitet werden.

Wird das Sprachförderheft **unterrichtsvorbereitend** eingesetzt, ist es unerlässlich, dass die Aufgaben und Übungen durch die Lehrerin vorbereitet und begleitet werden.

Zur **Nachbereitung des Unterrrichts** kann das Sprachförderheft als zusätzliches Übungsmaterial, z.B. als Hausaufgabe, eingesetzt werden.